きれいのココロ

おのころ心平 著

マイナビ

はじめに

「きれい」は、あなたのココロがつくる。
これが、本書の大テーマです。

皆さんは、1年間で自分のカラダのほとんどが入れ替わっているという事実をご存知ですか？　よく知られているように、お肌には、およそ28日周期の「ターンオーバー」というサイクルがあります。でも、これはお肌だけではなく、カラダのあちこちで起こっていることなのです。

たとえば、

◉胃の内壁は、5日ごとに新しくなる。
◉動脈は、2〜3週間で新しくなる。

◉脂肪組織は、3〜4週間ですべて入れ替わる。
◉骨は、6カ月〜1年で全部が新しくなる。

ほんの一部を除いて、カラダの組織は常に入れ替わっています。ですから、1年たつと、あなたは物質的にはほとんど別人なのです。

それにもかかわらず、1年たっても、顔の大きなシミはなかなか消えてくれない。お腹の脂肪もなかなか取れてくれない。それは、いったいなぜでしょうか？

そう、ここにココロとカラダがつながっているという証拠があります。

あなたが同じ症状に悩まされ続けるのは、新しく生まれてきた細胞に「これまでのあなたの記憶」が移植されてしまうからです。せっかく新しく生まれてきた細胞に、「わたしのカラダには、ここにシミがありますよ」といった記憶を染み込ませて、その通りにカラダを誘導してしまっているからなのです。

あなた自身は、もちろん「きれいでいたい」と思っているはずです。でも、ココロの奥の方に、カラダにそうさせてしまうような「思い」を抱えているのです。

わたしは、「ココロとカラダのカウンセリング」というちょっと変わった仕事をしています。おかげさまで、19年間、2万件以上もの個人セッションを重ねてきました。

カラダが発するさまざまな症状を潜在的なココロの欲求として読み解き、それをクライアントさんにとってハッピーな生き方へと変換していく。そんな仕事を通じて、さまざまな症状の裏に隠れている心理状態に接してきました。

本書では、こうした経験をもとに、あなたの「きれい」を邪魔するさまざまな悩みの裏にある「ココロ」についてまとめています。

そこに大きなニキビをつくってしまうのは、どんな気持ちから？
そこに深いシワを刻ませてしまうのは、どんな気持ちから？
そこにシミを居座らせてしまうのは、どんな気持ちから？

結論から言って、意味のないカラダの症状というものはありません。あなたのカラダは、あなたが本来のあなたでいられるように、いつもメッセージを送ってくれているのです。

さあ、カラダからのメッセージに耳を傾け、あなたのココロと向き合いましょう。

そして、ぜひあなただけの「きれい」を手に入れてほしいと願っています。

きれいのココロ　目次

第3章　ダイエットの悩み

第4章　女性特有のカラダの悩み

第5章　カラダの不調

第6章 「きれい」をつくる7つの習慣

第1章

ニキビの悩み

ほっぺたのニキビのココロ

「女として見ないで」

ほっぺたにできるにっくきニキビ。ファンデーションで隠せないくらい大きくなってしまうと、本当に困りますよね。

お手入れをがんばっても、野菜をいっぱい食べても、運動をしても、どうしても消えない……。「いつもここにできるのは、どうしてなんだろう?」というあなた。早速そのココロを探ってみましょう。

たとえば、あなたの目の前にかわいい赤ちゃんがいて、愛くるしいまなざしでこちらを見ているとしたら、どこを触りたくなりますか?

人によっていろいろかもしれませんが、「ほっぺた」をフニフニ触りたくなる人が多いのではないでしょうか。

恋人同士でも、愛情の裏返しでほっぺたをつねってみたりしますよね。つまり、ほっぺたは、つい触ってしまいたくなるような不思議な引力を持っているのです。

顔の中央には「蝶形骨《ちょうけいこつ》」という骨があります。

これはその名の通り、蝶の形をした骨なのですが、まさしく羽を広げた蝶の一番美しいところが、ほっぺたに当たるのです。

いわば、ほっぺたは、あなたの「かわいい」や「美しい」の象徴ゾーン。そこに大きなニキビをつくってしまうのは、「わたしってかわいくないから」というココロのメッセージの表れなのです。つまり、「わたし、男の人を惹きつけるほどきれいじゃないんです。だから、あなたとは仲良くなれません」という「自己否定の思い」が隠れているというわけです。

「かわいいね」と言われると、喜ぶどころか一瞬引いてしまう女性っていますよね。そのとき、女性の潜在意識には「触らないで」「近づかないで」「わたしを女として見ないで」という思いが潜んでいるのです。

この要因はいろいろと考えられます。たとえば、「男の子が生まれてほしかった」と小さいときに言われたことあるとか、女の子っぽい服装を「似合わない」とバカにされたことがあるとか……。

これらのコンプレックスは、やがて中学生、高校生と多感な時期になると、「かわいい女性として見られるのに抵抗する」という態度へと変容してしまいます。そして、わざわざほっぺたにニキビまでつくって、男性からのアプローチにバリアを張ってしまうのです。

（　ココロの処方箋　）

●ほっぺたのニキビ

まずは、あなた自身があなたの美しさを認めてしまうことから始めましょう。

毎朝、鏡に向かって、自分の顔を見ながらニッコリ笑って「わたしってきれい」と3回唱えましょう。

これを少なくとも1週間、続けてみてくださいね。

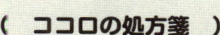

おでこのニキビのココロ

「お母さんはどう思うかな？」

おでこにできるプツプツとした水泡状のニキビ。治ってはでき、治ってはでき……と、繰り返されるのが特徴です。ほっぺたやあごにはできないのに、なぜかおでこにだけニキビができるという人もいるかもしれませんね。

ココロの側面から見ると、おでこは母親との「精神的な距離感」が表れるゾーンなのです。人相学でも、おでこは「親」を表します。

「お母さんといっしょにいると、気を使って自分が本当に思っていることを言えない」という女性や、反対に母親と友だちみたいに仲良しで、「絶対に実家を出たくない！」という女性も、おでこのニキビで悩んでいたりします。よくも悪くも母親の考えや意見を気にしてしまう。母親への過度な依存、あるいは母親からの過度な自立願望。そういったものが、おでこのニキビとして表れるのです。

中学生くらいのとき、前髪を下ろしておでこを隠したがる女の子っていましたよね。まるで「のれん越し」に世の中をのぞいているかのようです。この時期は、「家族で出かけるなんてイヤ！」と急に抵抗するようになる頃ですね。

自立したいけど、できない。
飛び出したいのに、そこまでの勇気はない。
そのような心理は、まず、のどにある甲状腺という器官に影響を及ぼします。

ここは新陳代謝を調整するホルモンが分泌されるところで、このホルモンの異常が起こると、のぼせやイライラ、むくみや下半身の冷えなどが起きやすくなります。

また、甲状腺のホルモンは、筋肉や骨を成長させる「成長ホルモン」としても働くので、カラダの発育には欠かせません。それだけに、子どもの頃の親に対する心理的葛藤、特に母親との関係性が、甲状腺ホルモン分泌のパターンに記憶として焼きついてしまうのです。

そして、大人になっても母親との関係で心理的葛藤が起こったとき、甲状腺ホルモンの分泌に異常が起こり、代謝バランスや体温調節が乱れてしまうのです。特に熱の変化に敏感なおでこに、ブツブツとなって表れます。

（　ココロの処方箋　）

●おでこのニキビ

お母さんのことが好きな人も嫌いな人も、まずお母さんに感謝することから始めましょう。お母さんのいないところでコッソリ「お母さん、ありがとう」と声に出して３回言ってください。

お母さんのことが嫌いという人も、１週間も続けていると、あら不思議。だんだんと気持ちの方がついてきます。

甲状腺は、のどにあります。すなわち、のどを使う、声に出すというのが大きなポイントなのです。

眉間のニキビのココロ

「感情が爆発しそう！」

眉間にできるニキビ……。一番目立つところですから、困りますよね。しかし、このニキビ、その「一番目立つ」というところがポイントだったりします。

眉間の奥には、松果体《しょうかたい》という大切な脳の部位があって、そこで概日リズム（1日の昼夜のリズム）を感知しています。

眉間には「第3の眼」があると言われますが、それは、この松果体のつくりに秘密があります。実はこの器官、眼の網膜と非常によく似ているのです。そういったことから、松果体はもともと光を感知する組織だったのではないか、

という説すらあるのです。

皆さんは、深夜にもんもんと思い悩んでいたことが、翌朝、冷静になって考えてみると、何だかとてもバカバカしく思えたという経験はありませんか？

わたしたちは、日中は太陽のもとで理性を働かせ、夜は月のもとで感情に支配されています。「理性」をつかさどるのは太陽のリズムで、一方の「感情」をつかさどるのは月のリズム。

先ほど「昼夜のリズム」を感知するのが松果体の働きであると言いましたが、松果体は「昼＝太陽＝理性」と、「夜＝月＝感情」のバランスを感知する器官であるとも言えるのです。

まわりから理性的な人だと思われたい人は、感情がすごく揺れ動いていたとしても「こう思われてはマズイ」とか「こんなふうに思っているなんて知られたら……」という思いが先に立ち、どんなときも理性に基づいた受け答えをしてしまいます。

人の感情というのは、どこか矛盾があって当たり前なので、理性に従おうとすればするほど、矛盾した感情の方を何とかして抑えなければならなくなります。

そのため、感情があふれて抑えきれなくなってくると、その感情を抑え込むように眉間にニキビができてしまうのです。


でも、これは実はカラダにとって、とても大切な働きなのです。理性と感情のどちらかに偏りすぎると、カラダは非常にストレスを感じやすくなってしまうからです。

ですから、カラダは、眉間という一番目立つ場所を使って、「理性に従いすぎていませんか?」「感情を外に出してあげないとストレスがたまりますよ!」と、必死であなたにサインを送っているのです。

（　ココロの処方箋　）

●眉間のニキビ

感情のマグマが抑えきれなくなってしまったら、「前はああ言ったけど、あれは取り消し。ごめんなさ～い」と宣言する勇気を持ちましょう。

そう、今の自分をしばっている過去の自分の言葉を、一度すっかりチャラにしてしまうのです。

そして、あなたの眉間から、喜びや笑いのエネルギーが放たれる様子をイメージしてくださいね。

あごの下のニキビのココロ

「弱みを見せたくない！」

あごの下からのどにかけては、「ここを突かれたら死ぬ！」という場所ですね。まさにカラダにとっての「弱点」です。

人は弱みを見せまいとするとき、あごを引いて上目づかいになり、肩をすくめたような姿勢になります。ちょうど亀が甲羅から少しだけ首を出して、警戒しながらまわりの様子をうかがっているのと似ていますね。

でも、このように警戒しながら自分を防御しようとする姿勢がクセづいてしまっている人は、首まわりが緊張し、血行が滞ったり、耳からあごにかけて流れているリンパが詰まりやすくなるのです。

あごの下のニキビの原因は、大半が耳の下を流れるリンパの汚れです。このリンパが詰まって流れが悪くなると、あごの下のニキビのもとになります。そしてニキビができると、今度はできているニキビを見られたくないという心理が働き、ますますあごを引いて、上目づかいになります。

姿勢と感情には密接な関係があります。胸を張って泣いたり、肩を落として大笑いすることってできませんよね。また、肩を落として泣いていると、悲しみがより深まったりします。

そのため、あごを引いた姿勢をし続けると「弱みを見せたくない！」という思いもどんどん強くなり、その結果、「あなた、わたしのことバカにしてるんじゃない？」という態度までとるようになってしまうのです。

人相学でも、あごは「地位」や「ステータス」を表すと言います。手に入れた地位やステータスが脅かされそうになると、これを守ろうとして必要以上に身構え、強がってしまうわけですね。

「弱みを見せたくない!」という弱気な心を置き去りにして、「わたしのことバカにしてるんじゃない?」という強気な態度をとってしまう。

あごの下のニキビは、そんなココロをあなたに気づかせるためのサインなのです。

（　ココロの処方箋　）

●あごの下のニキビ

パートナー、ご両親、兄弟姉妹など、信頼できる人にお願いして、のどのところに手を当ててもらいましょう。

「弱点」であるあごの下を誰かにゆだねることができると、カラダはすごく安心するのです。

これを１週間に１～２回でよいので、１カ月続けてみること。

え？　親兄弟と言えども安心できない？

ましてやパートナーになど？

そういう方にこそ、このエクササイズは打ってつけです。

背中のニキビのココロ

「やっぱりイヤ！」

背中はカラダの後ろ側にありますから、見えませんよね。その見えないところにニキビができるというのがポイントです。

背中にニキビができるのは、実は「隠れた排泄作用」なのです。カラダに入れてはいけなかったものを背中から排出している、ということです。

では、背中のニキビができる様子を、口から入った食べ物がカラダに入っていくプロセスを追いながら説明していきましょう。

まず、食べ物は口から胃に入り、胃酸などの消化液で細かく刻まれます。そ

して、小腸で栄養素が吸収され、吸収されないものは大腸へいきます。

小腸から吸収された栄養素は、いったんすべて肝臓へと運ばれますが、そのとき栄養素を受け取った肝臓は考えます。

「これは、カラダの中(血液中)に入れてもよいものか、それとも、今はいらないから出してしまおうか」

このように、血液中に取り入れるかどうかの最終関門として肝臓がジャッジをするわけです。そして、「これはよいものだから入れよう」となると、そのまま血液中に吸収されます。逆に「これはいらない！」となると解毒されて、もう1回腸に戻され、最終的には便になって排出されます。

ですから、そもそも「背中から出す」以前に、カラダに不必要なものは、この肝臓のジャッジメントによって入ってこないはずなのです。

肝臓は、本来ならカラダによいものと悪いものを間違えたりしません。ところが、忙しくて疲れていたり、食べすぎ、飲みすぎが続くと、肝臓の判断力が弱ってしまいます。そして、疲れてしまった肝臓は、一見よさそうなものにだまされやすくなり、不必要なものまでカラダに入れてしまうのです。

でも、入れてみたら「やっぱりイヤだった～」と感じるときもあります。肝臓の力を信じていったん入れてしまっただけに、カラダは肝臓に気づかれないように背中からコッソリ出そうとします。これがニキビのもとになるのです。

これと同じようなことが、わたしたちのココロにもよく見られますね。本当は「ありがた迷惑だな」「余計なお世話だな」とココロのどこかで感じているはずなのに、相手の気持ちを優先して受け入れてしまう。すごく面倒くさいことだったら断るけれど、ちょっと面倒くさいことだったら「まあ、いいか」と引き受けてしまう。でも後になって、じわじわと「やっぱりイヤ！」という思いが強くなってくる。

「いい顔」をしてしまう優しい人は、ついついいろんなものを受け入れすぎてしまいます。それが肝臓の働きにも反映されて、いらない栄養素を「つい」カラダの中に入れてしまうのです。

つまり、背中のニキビができたときは、あなたが「いい顔」をしてしまうことが、カラダにもココロにもけっこうな負担をかけているということなのです。

（　ココロの処方箋　）

●背中のニキビ

誰かに何かを頼まれたときは、即答せずにひと呼吸置いて考えます。考えてみて、イヤな感じがしなければ「OK」、イヤな感じが少しでもあれば「NO」です。勇気を出して「ごめんね」と断ってしまいましょう

コラム1 ❖ ニキビができる原因

ニキビができるのは、「毛包《もうほう》」という場所です。あまり聞き慣れない名前かもしれませんね。お肌は、表皮、真皮《しんぴ》、皮下組織の3層構造になっていて、真ん中の真皮に、この毛包はあります(左ページ下の図参照)。

真皮には、毛包と木の枝のようにつながる「皮脂腺」があり、肌を乾燥から守るための脂分を出しています。

ニキビができるのは、この皮脂腺が異常に成長して、脂分が多くなってしまうことが原因です。

では、脂分過多になると、どうしてニキビができてしまうのでしょうか?

それは、かの悪名高きアクネ菌の仕業です。皮脂腺が出す脂の中に、アクネ菌の大好物が含まれているのです。ですから、余分な脂が増えるとアクネ菌が繁殖し、毛包の中で炎症が起きてニキビができてしまうのです。

このアクネ菌を退治することも、もちろんニキビの改善につながりますが、もとはと言えば、皮脂が多い体質が原因となっているのですから、体質を改善させることが根本的解決につながります。

皮脂腺の異常な発達には、男性ホルモン(アンドロゲン)が関係しています。

真皮には男性ホルモンを受容する細胞があって、男性ホルモンが増えると皮脂腺を発達させます。

「男性ホルモン？　わたし、一応女なんですけど……」と思う方もいるかもしれませんが、女性にも少量の男性ホルモンが出ています。逆に、男性にも少量の女性ホルモンが出ているのです。

男性ホルモンは皮脂腺を発達させますが、これはお肌に「油」をもたらすということでもあります。この

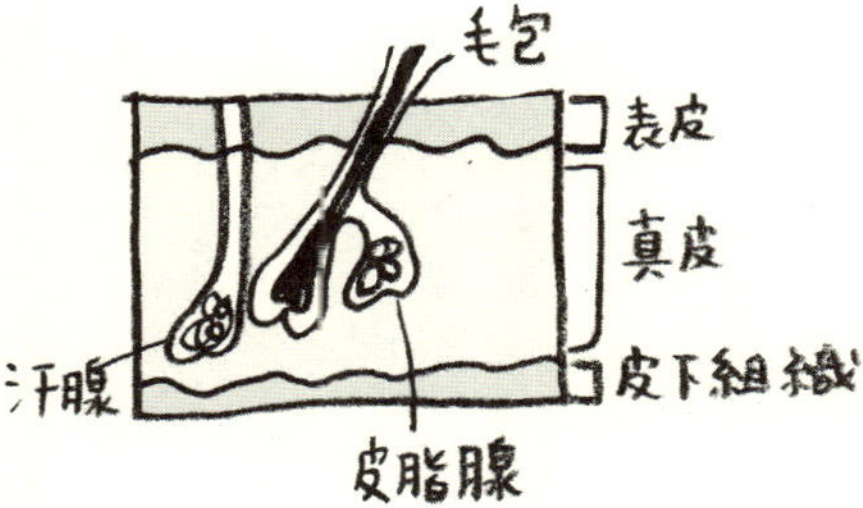

ホルモンが増えるということは、「状況をスムーズに進展させたい」「なめらかな人間関係を築きたい」「一方通行になっている思いを双方向に変えていきたい」といった潜在的な気持ちが表れているとも言えます。

ところが、これが堂々巡りになって抑圧されてしまうと、お肌の方でも脂分が毛穴でブロックされてしまって、結果、ニキビができやすい体質になってしまうのです。

第2章

お肌の悩み

目の下のクマのココロ

「ひとりでがんばります！」

目のまわりに表れる症状というのは、往々にして「がんばりすぎ」のサインです。

特に目の下にクマができていると、まわりの人まで気になって、「どうしたの？　大丈夫？」と声をかけたくなりますよね。でも、がんばりすぎる人というのは、周囲の人の助けを素直に受け入れることができません。

「人に頼むより、自分でやってしまった方がラクだから」
「わたしががんばればすむから」

あなたも、こんなふうに思ったことはありませんか？

目の下の皮膚は、とても薄くなっています。ですから、目の下の部分は、血液の状態がもっとも見えやすいところなのです。

つまり、クマは、血液が濃くなっているのが透けて見えている状態だということ。血液が濃くなっている状態とは、血液中の水分が不足していることを表しています。ですから、ふだんからあまり水分をとらない人や、お茶やコーヒーでしか水分をとっていないという人は、「お水」で水分をとるよう心がけてみるといいですね。

ただ、クマができやすい人は、夜寝る前に水分を多くとると、反対に朝になって目の下がむくんでしまうという症状も起こります。

「クマ」は水分不足、「むくみ」は逆に水分が余っている状態。いずれにしても、寝不足やたまったストレスによって、「腎臓がストレスを感じていますよ」というサインだと考えてください。なぜなら、腎臓は血液の浄化や水分代謝の要だからです。

人相学でも、目の下は腎臓の状態を表すとされています。同時に、生殖器系の状態も表れるとされていて、女性は子どもを妊娠すると、目の下にほのかなふくらみが出ると言われます。また、東洋医学においても、目の下は「親子関係」が表れやすい場所とされているのです。

つまり、目の下にクマをつくるということは、「親と子の関係に十分な水が回っていない」ということになります。

親子関係を「血縁」と言いますね。ここから、潜在意識の欲求として「血のつながりを絶ちたい」というようなメッセージが浮かび上がってくるのです。「血のつながりを絶つ」などと言うと、少し大げさに聞こえますが、これはつまり、

「親の助けを借りずに、自分の実力を自分で感じてみたい」

「わたしの人生は、わたしひとりで生きていきます」

ということです。

そして、「親からの援助を受けたくない」という姿勢は、しだいに「周囲からのサポートも受けない」という態度に発展していきます。

でも、人間そうそうひとりでやっていくわけにはいかないものです。「ひとりでがんばるぞ」と思っていても、あまり無理をしすぎると、カラダの方で「クマ」をつくって周囲に助けを求めるのです。

（　ココロの処方箋　）

●目の下のクマ

ご両親、パートナー、お子さんに、お仕事のことなら職場の同僚に、「もう限界！　ちょっと助けて。手伝って！」と言ってみましょう。

お肌のくすみのココロ

「注目されたくない！」

お肌の「くすみ」の反対は、「ツヤ」ですね。ツヤツヤした「お肌オーラ」の持ち主には、自然と周囲の目が向きます。

この「お肌オーラ」を引き出すには、どうすればよいのでしょうか？

お肌には、表皮と真皮という層があります。表皮は、厚さがわずか0・2㎜という薄い膜なのですが、下から基底《きてい》層、有棘《ゆうきょく》層、顆粒《かりゅう》層、そして一番上の角質層と、4層もの構造があるのです。そう、わたしたちは、わずか0・2㎜の厚さの中で、日々美しさの攻防を繰り広げているわけです。

さて、この表皮の一番底、お肌細胞の誕生するところである基底層が、お肌にとって重要な場所です。この表皮と真皮の間に当たる基底層には汚れがたまりやすく、またくすみのもととなる「メラニン細胞」もいるのです。

ただ、基底層でメラニンができたとしても、慌てることはありません。わたしたちのお肌には、およそ28日周期で新陳代謝する「ターンオーバー」という力強い仕組みが備わっています。ですから、できてしまったメラニンも、このターンオーバーの働きで、やがて角質層まで押し上げられ、はがれて落ちていきます。

問題なのは、汚れやメラニンが基底層で「スクラムを組む」ことなのです。これらがどんどんつながって重たくなると、ターンオーバーに逆らって、表皮内に居座ってしまうのです。ひとつひとつは小さくても、スクラムを組んでしまうと、なかなか外へ出ていってくれなくなります。これがくすみのもとになるのです。

なぜスクラムが組まれるかと言うと、ココロの作用が関係してきます。

自分ひとりで責任を負いたくないとき、目立ちたくないとき、誰かと寄り添って集団を形成したくなりますよね。

つまり、「注目されるのがこわい」とか、「自分の個性に自信がない」という思いが強いと、周囲の視線からガードするために、くすみのもとを基底層にため込み、それらがスクラムを組んでしまうのです。


勇気を出して、新たな自分を発信してみましょう。

あなたがあなたを発信することで、周囲の人の注目が集まります。周囲の視線こそ、あなたのお肌に緊張感をもたらしてくれるのです。

そう、「お肌オーラ」は、あなたが自信を持って自己表現したことに、周囲の視線が反応してくれることによって生じます。

注目を恐れない自己表現。それがお肌のくすみを解除するカギです。

（　ココロの処方箋　）

●お肌のくすみ

ふだんあまり着ない服を買ってみる、ふだんあまりしゃべらない人に声をかけてみるなどして、目立つことへの恐れを手放しましょう。

口のまわりの肌あれのココロ

「聞いてないよ～！」

口のまわりの肌あれは、口から遠く離れた大腸の中に原因があります。

口から遠いと言っても、カラダの中にある消化管は、口→食道→胃→十二指腸→小腸→結腸→直腸→肛門と、ひと続きの管《くだ》になっています。たとえば、ちょっと汚くてすみませんが、トウモロコシなどは食べてもそのまま便となって出てきたりしますよね。ですから、消化管というのはカラダの内側のようで、実はまだ外側なのです。

栄養分は、細かく分解されて小腸粘膜から吸収されますが、この小腸粘膜を通過して、はじめてカラダの内部に入ったと言えるのです。

ただし、食べたものすべてが小腸から吸収されるわけではありません。小腸で吸収されない食べ物は大腸に運ばれます。そこで活躍しているのが腸内細菌たちです。

腸内細菌は、消化管の中に１００兆個いると言われていますが、善玉菌や腐敗菌などさまざまな種類があり、運ばれてきたものによって、どの腸内細菌が主役になって分解するかが決まります。

たとえば、肉を食べることが多く、過剰なタンパク質がたくさん運ばれてきたりすると、腸内細菌の中でも腐敗菌が優勢になってしまいます。これが口のまわりの肌あれを引き起こしてしまうのです。

もともと腹八分目の食事を心がけている人の消化管は、適度に消化液が分泌されていて、口のまわりがあれるほど腐敗菌が増えることはありません。

ところが、言葉は悪いですが、突然「ドカ食い」をされると、消化管は非常に困ります。消化管の気持ちを代弁するならば、「あれ？　いつもと違うじゃないですか。そんな準備していませんよ！」となるでしょう。すると、腐敗菌を増やしてでも、それらを分解しなければならなくなるのです。

それは、急に仕事を振られたときの、

「えっ？　今ですか？　聞いていませんよ！　先に言っておいてくださいよ！」といった気持ちと、とてもリンクしています。

「いきなりそうなるなんて聞いてない！」「言っておいてもらえば、ちゃんとできるのに！」という心理です。

本当はちゃんとできるのに、切羽詰まってやらされる状況だと、どうしても乱雑になってしまって、気分的に腐ってしまいます。まさしく大腸で腐敗菌が増えるのと同じ状況ですね。

（　ココロの処方箋　）

●口のまわりの肌あれ

急に仕事を振られたとき、予想外の展開に見舞われたとき、そんなときこそ食事は腹八分目にしておきましょう。焦っているときの食事ほど、消化に悪いことはありません。

シミのココロ

「守ってあげたい」

シミのもととなるのが、メラニン細胞です。「お肌のくすみ」の項目でもお伝えしましたが、メラニン細胞は表皮の一番下の「基底層」というところにたくさんいます。基底層にある細胞のうち、なんと5～15％はメラニン細胞なのです。

これだけたくさんいるのには、何か理由があるはずですよね。

メラニン細胞は、もともとは神経細胞の親戚だと言われていて、紫外線という外部からの刺激に対して反応し、シミのもとであるメラニンをつくり出します。

表皮の一番下にある基底層は、まだ幼いお肌細胞のいる場所です。ここにメラニン細胞がたくさんいるのは、紫外線や外部の有害な刺激から、生まれたばかりのお肌細胞を守ろうとしているからなのです。

ですから、そのためにできるシミは、日傘のようなもの。わたしはここに、メラニン細胞の母心を感じるのです。

幼い子どもを守る母親のような気持ち。メラニン細胞には、こうした「幼きものを守ってあげたい」というココロが宿っているのです。

でも、「守ってあげたい」というココロも、あまりいきすぎると大きなシミになってしまうのですから、やはり何事もほどほどでなくてはいけません。

「過保護」は、お肌細胞の教育上もよろしくない。ある程度の刺激には、自力で対処する力が必要なのです。

あなたの身のまわりで、あなたが手をかけすぎていることはありませんか？お子さんやペット、お仕事をされている方なら部下や後輩。

あるいは、なかなか「手放せないもの」はありませんか？　誰かに任せてしまえばすっきりするのに、なぜか自分の手元に置いておきたいもの。

人は抱えるものが多いと、知らず知らずのうちにガードが固くなります。そのため、ちょっとした刺激にも過敏に反応するようになるのです。

メラニン細胞は、紫外線以外にも、急激な温度変化や電磁波などにも反応すると言われていますが、外側からの刺激だけではなく、感情の動きにも反応しています。

守らないといけないものが多い人ほど、ドキッとしたり、イラッとしたり、疑いの目を向けたりと、感情の変化が激しくなりますね。

そう、その度にメラニン細胞は反応し、せっせとメラニンをつくっているということを覚えておきましょう。

（　ココロの処方箋　）

●シミ

鏡で自分の顔を見ましょう。ずっと気になっているシミがあったら、そこに注目してください。

そして、次の言葉を声に出して言ってみましょう。

「これまで守ってきてくれてありがとう。わたし、もう大丈夫よ」

シワのココロ

「急激な変化についていけない！」

ある美容系の本に、「あまり笑うと、目じりやほうれい線のシワが増えるので、注意しましょう」と書かれているのを見て、驚いてしまいました。シワは気になっても、「だから無表情にしよう」というのはちょっと無理がありますよね。

シワは、確かにお肌の筋肉の伸縮が原因ですが、実は、カラダの中でも伸縮が過剰になっているところがある、ということを示しているのです。

以下、シワのできる場所ごとに説明していきます。

■おでこのシワ……膀胱の伸縮

東洋医学において、おでこは「膀胱」の状態が表れる場所とされています。おしっこを我慢すると、膀胱は尿をためるために内側の筋肉をふくらませます。すると、ぐいーんとふだんの許容量以上に膀胱が広がってしまうのです。そして、尿を出したら一気に縮む。これを繰り返すと、膀胱の伸縮の幅が大きくなり、それがおでこのシワとなって表れるのです。

■ほうれい線……胃の伸縮

ほうれい線とは、小鼻のわきから唇の両端にのびる線のことです。ここは、胃の伸縮が表れやすい場所です。胃の伸縮ということは……そう、食べすぎ、飲みすぎが原因です。胃の許容量はもともとけっこう大きいのですが、それをオーバーしてしまうと、ぐいーんと拡張します。そして、胃から腸へ一気に食べ物が押し出されると、胃は急速にしぼみます。その分だけ、ほうれい線は深く刻まれるのです。

ちなみに人相学では、ほうれい線の内側を「自分のテリトリーを表す場所」としています。ほうれい線を境に、口と頬の間に「境界線」を引くのです。自分の領域を守りたい人、また食べ物を胃に詰め込むのと同じように、自分の領域に必要以上の知識を詰め込もうとする人は、ほうれい線がはっきり出るとされています。

■目じりのシワ……心臓の伸縮

目じりは、心臓の伸縮が表れやすい場所です。不安感からドキドキすることが多かったり、興奮しやすい性格だったりすると、心臓の伸縮はそれだけ大きくなります。

また、人相学では、目じりのシワには、その人の「浮気度」が表れるとされています。トキメキやドキドキ感は忘れたくはないですが、それがあまりにいきすぎてしまうと、目じりにシワが刻まれてしまうのです。ぜひ、ご注意を。

膀胱も、胃も、心臓も、急激な容量のふくらみには弱いものです。それに「ついていけない！」という各臓器の気持ちが、異常な収縮を生み出すのです。

ココロについても同じことが言えます。急におしっこにいきたくなったり、つい食べすぎてしまったりするのは、ココロが今の状況に「ついていけない！」と不安に思っているということなのです。

それがシワという形であなたの顔に表れてしまうのですね。


（　ココロの処方箋　）

●シワ

不安を感じたら、そっと胸に手を当て、ゆっくり落ち着くまで心臓の鼓動を感じることを心がけましょう。

お肌の乾燥のココロ

「感情表現をもっと豊かに！」

多くの女性を悩ませるお肌の乾燥は、「ヒアルロン酸」が不足して起こると言われます。ヒアルロン酸は水分をたっぷり含んでいて、保水力の要となる成分です。

皆さんも化粧品のＣＭなどで耳にしたことがあるのではないでしょうか？

冬場は空気が乾燥します。空気が乾燥するということは、空気中の水分が少なくなっているということです。

寒い戸外で、あたたかいお茶やコーヒーを入れると、湯気が立ちのぼってい

きますよね。これは大きな温度差が生じると、その分、水分が蒸発してしまうということなのですが、同じように寒い冬は、お肌から冷たい空気の方へと熱が移動しようとします。その際、いっしょに水分も奪ってしまうので、乾燥肌になってしまうのです。

でも、お肌に保湿成分であるヒアルロン酸が豊富にあれば、冷たい空気とカラダの内側からの熱との間に入って、お肌表面で温度調節をしてくれます。ですから、ヒアルロン酸が豊富にあるお肌は、乾燥に強いのです。

実は、ヒアルロン酸の多くは、関節の内面を覆っている「滑膜《かつまく》」というところにある細胞がつくっています。骨同士をつなぐところにあって、関節をなめらかに動くようにしたり、クッション材となって骨同士の衝撃を和らげたりしてくれているのです。

関節をよく動かすと、ヒアルロン酸が必要になります。すると、カラダはヒアルロン酸をつくり出し、補給するのです。つまり、ヒアルロン酸を補給するためには、「よく動く」ことがポイントになります。

ということは、お肌にヒアルロン酸が不足してしまうのは、「よく動いていないから」と考えることができます。


もちろん顔にも関節はたくさんあります。その関節を動かすのに一番効果的なのは、笑うことです。笑うと多くの表情筋を使い、顔の筋肉もよく動くので、ヒアルロン酸もどんどん補給されるようになるのです。

かたい表情でいると、ヒアルロン酸が少なくなり、乾燥肌が進んでしまうということを知っておきましょう。

（　ココロの処方箋　）

●お肌の乾燥

よく笑いましょう！

ふだんから感情表現を豊かに、顔やカラダをよく動かし、ヒアルロン酸が補給されやすい体質をつくりましょう。

手あれのココロ

「今日はあれをやろう。でも、やっぱりやめよう」

食器を洗ったり、洗濯物をたたんだり……。同じように手を使っているのに、手あれになりやすい人と、そうでない人がいるのはなぜでしょうか？

「お肌の乾燥」の項目でもお伝えしましたが、手の乾燥も、「冷たい」と「熱い」の急激な温度差によって起こります。

それにプラスして、手あれがなかなか治らない人にはある共通点があります。それは、「熱しやすく、冷めやすい」タイプだということです。

手というのは、その人の能力が表現される場所でもあります。わたしたちは、手を使って字を書いたり、絵を描いたり、さまざまな自己表現を行いますね。

皆さんは「気功」とか「レイキ」という言葉を聞いたことがありますか？これは手から「気」を出すことによって行うヒーリングの一種なのですが、こうしたヒーリングでなくても、わたしたちは何か自己表現をしようとするとき、手から「気」を発しているのです。

ところが、心理的に熱しやすく、冷めやすい人は、「今日はあれをやろう。いや、やっぱりこれをやろう」「うーん、やっぱりやめようかな。でも、これはおもしろそう」とココロが右往左往すると同時に、「気」の流れも手の中で右往左往してしまいます。

冬場は外気が冷たく、戸外と屋内とで温度差が生じやすい季節。また、食器を洗うときに温水を使ったりするので、手にはさらに温度差が加わります。そこに「熱しやすく、冷めやすい」というココロの温度差が加わると、手の乾燥は、ますます進んでしまうのです。

実は、手あれを改善させるために最適な方法があります。それは、夜の7時

～9時までの間、しっかり手を休めてあげることです。

東洋医学では、この時間帯は、日中の体内温度のずれや、血液循環、心の動揺などをメンテナンスする時間とされています。

ところが、特に主婦にとって、夜7時から9時というのは、家族のために家事をする時間ですよね。夕食の準備、お風呂の準備、お皿洗い……。どれも手を使いっぱなし。しかも、手に「温度差」が生じる作業ばかりです。

こうして、手の乾燥が進み、皮がむけやすくなって、手の炎症が起こりやすくなるのです。

（　ココロの処方箋　）

●手あれ

1. 日中のココロの温度差があまり生じないように、朝のうちに今日やることを決めてしまいましょう。
2. 夜7時から9時までの時間に手作業が集中しないですむように、あらかじめ工夫をしておきましょう。

つまり、より計画的に1日を過ごすことが大切になりますね。

かかとカサカサのココロ

「自分をオープンにしたくない！」

ストッキングをはくときに気になるのが、かかとのカサカサ。かかとはあまり人に見せることがないので、ついついケアがおざなりになってしまうという人も多いのではないでしょうか。

でも、かかとのカサカサは、カラダからの重要なサインなのです。

東洋医学では、かかとは生殖器を表しています。そこがカサカサしているということは、「生殖器に水分が足りていませんよ」というサインです。

生殖器は「骨盤」の中にあります。ですから、かかとがカサカサしているということは、骨盤内の血液循環が悪く、女性なら子宮や卵巣に新鮮な血液がいっていないということです。

では、ここでちょっと実験です。

少しスペースがあるところで、腰の左右にある骨のでっぱりを手で触りながら歩いてみてください。骨が動いているのが少しわかりますね。

次に、かかとに重心をずらして歩いてみてください。

今度は、腰の骨の動きがはっきりわかると思います。かかとに重心をかけて歩くと、骨盤の動きが大きくなるのです。

つまり、骨盤内の血液循環をよくするには、かかとに重心をずらして歩くのがポイント。その人の体型にもよりますが、かかとがカサカサしている人の場合は、かかとに重心をずらして歩くと、よりすっきりと、姿勢よく歩けるようになります。

かかとカサカサに宿るココロは、「自分をオープンにしたくない！」というものです。自己開示(自分をオープンにすること)に慎重になると、カラダが前かがみになり、かかとに重心がいかなくなるのです。

かかとに重心を置いた歩き方は、姿勢がよく、堂々としています。こういう歩き方をしている人は心理的にもオープンな人が多い。逆に、つま先に重心を置いた歩き方をするときは、何かに集中していたり、目的地に早く到達したいときです。

もちろんバランスが大事ですが、かかとのカサカサで悩んでいる人なら、かかとへの重心を意識して、骨盤がよく動く歩き方を心がけてみましょう(ただし、坂道などでは無理しないこと。腰に負担がかかってしまいますからね)。

もちろん骨盤がよく動くと、子宮や卵巣にもよい効果があります。

（　ココロの処方箋　）

●かかとカサカサ

「わたしは、わたし」という気持ちで、かかとを意識しながら堂々と歩きましょう。

そして、ときどきお風呂などで、かかとに目をやって「いつもありがとうね」と言ってあげてください。

かかとが注目されることはあまりありませんが、あなたをしっかり支えてくれている大切な場所ですから。

水虫のココロ

「封印した怒りを解き放ちたい！」

水虫の原因に白癬《はくせん》菌という菌があります。これはカビの一種です。本来は、陰の存在であるカビ。カビは、日当たりのいいところでは育ちませんね。ひっそりとした湿気の多いところで繁殖します。

水虫がその存在を訴えるとき（つまり、かゆいとき）というのは、「隠しておきたい秘め事があなたの中にありますよ」というサインなのです。

白癬菌というのは、皮膚の角質層にある「ケラチン」というタンパク質を栄養源にしています。ケラチンは、アミノ酸のシステインが主成分です。

このシステイン、美白効果のある化粧品やサプリメント、あるいは、シミ・そばかすを除去する薬に配合されていたりします。

システインが入った化粧品をたくさん使っている方が、その化粧品をしばらくやめたことで、水虫がかなり改善したケースがありました。

もちろん、美白の化粧品を使っている方すべてに水虫が起こるわけではありませんから、その方の水虫は、システインと、その方の心理的作用とが組み合わさって生じたものと推測できます。

その方に、美白をする理由について深くカウンセリングしていったところ、「浮気したい！」という衝撃的な秘め事が浮き彫りになりました。

正確に言うと、「浮気したいココロをぐっと抑えて、自分にもわからないようにしていた」のです。

そして、その浮気願望のさらに奥には、だんなさんに「思い知らせてやりたい」という抑圧した怒りがあったのです。

東洋医学では怒りは、肝臓を傷めつけると言われています。いつもプンプンしているのも困りものですが、怒りを抑圧しておくのはもっとよくありません。封印した怒りは、肝臓の代謝を鈍らせ、東洋医学で言うところの「湿熱」(水分の滞りと発散できない熱が同居した状態)をつくってしまいます。これは、まさに水虫が繁殖しやすい環境なのです。

無意識に閉じ込められた怒り。そして、それを秘め事にしておかなければならないというココロ。それを、カラダが「水虫」という形で表現してくれていたのです。

（　ココロの処方箋　）

●水虫

お風呂に入っているとき、湯船の中でこれまでの人生の中で一番怒りを感じた経験・体験を思い出してみてください。

そして、怒りの感情がのぼってきたら、それを手の先と足の先から、湯気といっしょに逃がすようイメージします。

そして、湯船から上がり、シャワーですっきりと手足を洗い流してください。

お風呂を出るときには、ココロもカラダもきれいさっぱり。

これをしばらく続けてみてくださいね。

コラム2 ❖ 臓器の力で引き出す「美人力」

人にはそれぞれの美しさというものがあります。持って生まれた体質と性格をしっかり活かして、その長所に磨きをかけることこそ、きれいの力を高める早道です。

以下の4つのタイプの中から自分に近いタイプを探しましょう。そして、そこに書かれているエクササイズを心がけ、自分のカラダの長所をさらにのばしてください。

■肝臓美人タイプ……所作にココロを込める

肝臓美人は、引き締まったカラダが特徴です。二の腕、太もも、お尻、ふくらはぎ……。どこも「たるみ」というものには無縁です。かもし出す雰囲気も理知的で、いるだけで不思議な存在感があり、何かしらのオーラを発している人です。

そして、所作に無理がありません。立ち上がる、歩く、しゃがむ、足を組む。何事にもエレガントな感じが漂うのです。

これがしっかり身についている人は、もちろん育った環境も影響しますが、肝臓が元気な証拠なのです。東洋医学では、肝臓と筋肉の関係が示されており、筋肉のしなやかさは肝臓に由来するとされています。

反対に、所作にココロを込めれば、肝臓が元気になり、カラダが引き締まるということです。相手に何かを差し出す、ものを置く。その所作ひとつひとつにココロを込めましょう。

■肺美人タイプ……深い呼吸を意識する

肺美人は色白で、お肌のきめが細かく、全体的にスリムな感じです。うなじや首すじ、鎖骨がくっきりと目立ち、肩のしなやかさ、細い手の指が特徴です。これは、肺がよく働き、肺を包む「胸郭《きょうかく》」(胸の部分の骨格)がしなやかに動いている証拠なのです。

五臓(肝臓、腎臓、肺、心臓、脾臓)の中で、外気と直接接している唯一の臓器は肺です。肺の中の温度は、体温より少し低くなっていて、結果として「血液を冷却する」役割をしています。カッカしたときに深呼吸をするのは、実際、熱を帯びた血液を肺で冷やしているのです。ですから、深い呼吸が身についている人は、とても冷静です。

物事をよく観察し、深く理解する力があります。

外気に直接触れると言えば、お肌もそうですね。体温が上がれば汗をかき、寒くなればお肌を引き締めて体温を逃がさないようにし、体温調節をはかっています。

つまり、お肌と肺は「体温調節」という点で共同作業を行っているわけですが、肺美人は呼吸で体温を調節する力が強いので、お肌に負担をかけることが少なく、お肌のきめ細かさを維持できます。深い呼吸を意識し、肺美人に磨きをかけましょう。

■腎臓美人タイプ……姿勢を正す

腎臓美人は姿勢がよく、骨盤がしっかりしていて、お尻やウエストがセクシーです。ゆったりとした物腰で、人に安心感を与えます。

腎臓は、両ひじを下げたときのひじの高さの背中側に位置していて、背骨をはさんで右と左にひとつずつあります。ほかの大きな臓器と違って、腎臓の位置は安定していません。ですから、姿勢が悪かったり、歩き方が不均衡だったりすると、腎臓の位置がずれやすくなり、これが腎臓の血液浄化作用に影響します。

逆に腎臓が安定して元気な人は、血液をいつもきれいに保てるので、むくみや目の下のクマなどには無縁です。また、両腎臓の上にある「副腎」という器官から出るホルモンは、お肌の「ヒアルロン酸」という保湿成分を守る働きがあります。姿勢を正し、腎臓や副腎の位置を安定させると、ヒアルロン酸を適正に保つことができ、お肌のみずみずしさやハリにも効果的なのです。

■心臓美人タイプ……今を楽しむ

心臓は、カラダ中の細胞に酸素と栄養を休むことなく送っています。心臓が元気だと、カラダのすみずみまで血液が届きます。血行がよいというのは「きれい」の基本ですね。

心臓美人は、こぼれんばかりの笑顔が特徴で、人を惹きつける天性の魅力がありま す。人に興味があり、いつも「今」を楽しむことができます。そして、そうしたココロの動きに血管がよくついていくので、いつも色ツヤがよく見えるのです。

人は過ぎ去った過去の出来事や、まだ来てもいない未来のことを心配して、今、必要な力を分散させがちですが、今を楽しめる心臓美人は、心臓を元気にし、結果、お肌やカラダに良好な血液循環をもたらすことができるのです。

第3章

ダイエットの悩み

二の腕たぷたぷのココロ

「もう失敗したくない！」

ほっそりとした二の腕は、女性にとってあこがれですよね。その二の腕に、どうして脂肪がついてしまうのでしょうか？

まず、たぷたぷの原因である脂肪ですが、実は、脂肪には保温効果があり、臓器を冷えから守る「毛布」のような働きをしてくれています。

ですから、脂肪がついてしまうのは、カラダが冷えている証拠とも言えるのです。たとえば、お腹まわりに脂肪がつくのは、大腸や膀胱、子宮、卵巣を冷えから守ろうとしている、ということですね。

では、二の腕に脂肪がつく場合はどうなのでしょう？　二の腕のたぷたぷは、何を保温したいのでしょうか？

それは、実は心臓なのです。

二の腕の付け根は「わき」ですね。通常、体温はわきの下で測りますが、わきの下の体温というのは、心臓の働きが十分でないと上がりません。ですから、心臓の働きが悪く、冷えているとき、カラダは二の腕の脂肪を使って、わきの下からの体温の放出を防ごうとするのです。

でも、「心臓が冷える」と言われても、少しイメージしにくいかもしれませんね。これはあなたのココロが冷えているとき、と考えてもらってもよいでしょう。

人は、失敗したとき、申し訳ないと思うときなど、もうその失敗を繰り返すまいと、わきを締めます。失敗して怒られるとき、「わきが甘い」などと言われてしまいますよね。
わきを締めるときというのは、気合いを入れていこうとするとき、自分を奮い立たせようとするときですが、それは同時に、かつて怒られたときのココロがひんやりした感じをもう味わいたくない、という欲求を表しているとも言えます。

ところが、人間、そうそうわきを締めてカラダを緊張させた状態を維持することはできません。そこで、意識的にわきを締める代わりに、二の腕たぷたぷでわきを守り、心臓を保護しようとするのです。

【　ココロの処方箋　】

●二の腕たぷたぷ

怒られたときや失敗してしまったとき、申し訳ないなと思うとき、あるいは、悲しくてせつない気分になったとき。そんなときこそ、両腕(二の腕)を広げ、深く呼吸をしながら、「わたしは大丈夫」と3回唱えましょう。

むっちり背中のココロ

「わたしだって誰かに頼りたい」

脂肪は、あなたを守るために存在する。これが大前提なので、脂肪があちこちについてしまうのは、あなたがそれだけ「守ってほしい」という気持ちが強いということです。

背中につく脂肪は、背中に突き刺さる視線や背中にのしかかるプレッシャーから守ってほしいというココロの表れ。では、背中にかかるストレスには、どんなものがあるのでしょうか？

「ちゃんとやっているのか？」という上司からのプレッシャー？

「早く結婚しなさい」という両親からの無言のプレッシャー？

わたしのクライアントさんに、ある百貨店の下着専門店で働く若い女性がいました。

この専門店は外資系の企業で、給料は接客態度いかんによって、基本給から差し引かれることもあるということです。接客態度を抜き打ちで上司が評価するので、いつ背後から見られているかわからない。これは、もともと気の弱い彼女にとって、かなりのストレスでした。

出勤する日は過度の緊張、そして、休みの日はそれを取り返すかのようにカラダが緩和しすぎて、下痢や嘔吐が続きました。

自律神経は、カラダを緊張させる交感神経と、カラダを緩和させる副交感神経とで成り立っています。本来、そのふたつの神経が適度なバランスをとって、カラダを引き締めたり、ゆるめたりしてくれているわけです。

この調整が、通常であれば1日単位で行われるのですが、彼女の場合は1週間単位で行われていたのです。

その場合、次の休みが来るまで、カラダはどこかに疲労物質をためておかなければならなくなります。

ラクダを思い浮かべてください。いつ食事にありつけるかわからない砂漠の旅を続けなければならないラクダは、栄養素を背中のこぶに備蓄しています。人間はと言うと、栄養素の代わりに、たまったストレスや疲労物質をわざわざ脂肪でコーティングして背中に背負うのです。

緊張の続く現代の砂漠を旅し続けなければならないわたしたち。背中の脂肪は、現代人のカラダが考え出した悲しいシステムなのです。

（　ココロの処方箋　）

●むっちり背中

あなたはこれまで、周囲の期待によく応えてきました。上手に応えすぎると、周囲の期待はますます高まってしまいます。ですから、「少し休ませて！」と言う勇気を持ちましょう。言葉に出して「わたしだって誰かに頼りたい」と言ってみましょう。自分の弱さと対峙できる。それこそが本当の強さなのです。

下腹ぽっこりのココロ

「早くしないと！」

便秘がちだったり、食べすぎたりすると、お腹の下の方にぽっこり現れる脂肪。この「下腹ぽっこり」にもココロの作用というのはあるのでしょうか？

「二の腕たぷたぷ」の項目でもお伝えしましたが、脂肪というのは、実は熱の放出を防いだり、組織が傷つかないようカラダを「守る」ために働いてくれているのです。下腹には、大腸や膀胱のほか、子宮や卵巣といったとても大切な器官がありますから、それらを守ろうとして、その周囲に脂肪がつくのです。

特に冷えがあると、カラダは熱を逃がさないように、いわば「脂肪による毛布」をつくり出します。むやみに脂肪がつくわけではないのです。下腹にある脂肪も「毛布か～」と思えば、憎らしさも少し和らぐかもしれませんね。

それだけではなく、「下腹ぽっこり」には、もうひとつ大きな原因があります。それは、呼吸の仕方です。

少し解説していきましょう。

食べ物が胃腸に入ってきたとき、その重みで胃や腸は下がります。その重みによって下腹がぽっこりと押し出されてしまうわけですね。

でも、いくら重くなるからと言っても、腸がだら～んと下がってしまうことはありません。それは腸をはじめ、腹部全体を「腹膜」という膜が支えてくれているからです。つまり、この腹膜の力が強ければ、「下腹ぽっこり」を食い止めることができるのです。

皆さんは、「腹式呼吸」をご存知でしょうか？　腹膜の力をつけるには、この腹式呼吸による深〜い呼吸が一番効果的です。

ふだんわたしたちは、お腹の力をあまり使わず、おもに肺と胸郭だけを使って呼吸をしています。

また、日頃から時間に余裕がなく、焦ってばかりいると、ストレスでどんどん呼吸が浅くなり、腹膜の力が落ちてしまいます。つまり、「早くしないと！」という焦りのココロが、「下腹ぽっこり」を助長してしまうのです。

深い呼吸をすると、焦ったココロもだんだんと落ち着いてきますよ。

（　ココロの処方箋　）

●下腹ぽっこり

焦ったときや、急がないといけないようなときこそ、目をつぶって大きく息を吐き出してみてください。そのときにお腹がへこんでいくのを意識します。すべて吐き出したら、今度は息を吸いながらお腹がふくらむのを意識します。お腹の力を使って深い呼吸をするのが「腹式呼吸」です。ふだんから意識的に腹式呼吸を取り入れていると、やがて腹膜の力がつき、「下腹ぽっこり」を防ぐことができるようになります。

下半身デブのココロ

「今はチャレンジできない」

下半身につくお肉、気になりますよね。おもにお尻から太ももにかけてつきますが、ちょうどその部分にある筋肉は大臀筋《だいでんきん》と言って、カラダの中で最大の筋肉です。

最大であるだけに、エネルギーをためる力も大きくなります。つまり、筋肉を動かすための糖分や脂肪もたくさん蓄積してしまうのです。

大臀筋が活躍するのは、何と言っても走るときです。走るときは、お尻と太ももの筋肉が一番よく動きます。ですから、大臀筋はいろいろなエネルギーを

ため込みながら、あなたが走り出すのを今か今かと待っているのです。

「走り出す」というのは、あくまで比喩的な表現で、つまりは「行動を起こしてみる」ということです。

自分は何かやれるはずだと思ってはいるものの、一方で「でも、○○だから、今はチャレンジできない」と思ってしまうことはありませんか？

本を読んだり、情報収集もたくさんしているのに、知識を身につければつけるほど、よけいに自信がなくなって、結局行動に移せない……。

つまり、お尻や太ももにお肉がついてしまうのは、「自分の才能にチャレンジしていないんじゃないですか？」という、カラダからのメッセージとも言えるのです。

では、どうすればよいのでしょう？

それは、ただただ「やってみる」こと。目の前のことに一生懸命ココロを込めて取り組むのです。

「○○だから、今はチャレンジできない」

そんな言い訳が、どんどん目の前にあるチャンスを見失わせてしまいます。

そして、走り出さずに準備ばかりしていると、そのエネルギーは、とりあえずカラダの中で一番ため込む力のある大臀筋にためられてしまうのです。

筋肉を動かすためのエネルギーは、使われないと脂肪に変換されてしまうと言います。こうして、お尻と太ももに脂肪がついてしまうのです。

（　ココロの処方箋　）

●下半身デブ

歩くときは、目的地をはっきりイメージしながら歩きましょう。「わたしは今、そこへ向かっている」と意識することが大事です。

足首デブのココロ

「将来が不安……」

足首をキュッと細くしたい。多くの女性にとって共通の願いですよね。

足首は、股関節、膝関節と連動しています。歩くという行為は、皆さん何気なくやっていますが、下半身の骨と筋肉の、それはそれは見事な連携によってなされているのです。

ではまず、股関節、膝、足首に宿るココロを順に見ていきましょう。

股関節は、骨盤と大腿骨《だいたいこつ》(太ももの骨)をつないでいる大切な関節です。骨盤は赤ちゃんを授かる場所だけに、股関節には子ども時代のココロが宿っていま

す。

その子ども時代のココロが成長し、青春時代を迎えると、「わたしは女」「僕は男」と意識し始めます。膝には、「わたしは女」「僕は男」という自覚、つまり男性性と女性性が宿ると考えてください。

そして、足首には大人として成長したココロ、つまり、いろいろな分別がつき、責任感を持って人生を歩んでいこうという意思が宿ります。「地に足をつける」と言いますが、まさにそれがぴったりです。

このように股関節から始まり、膝、足首のそれぞれの部位に各時代のココロの成長プロセスが宿るとわたしは考えているのですが、もちろん子どもにだって足首はあるわけですから、子どもにも足首のココロというのはあります。

お子さんのカウンセリングで足首に問題があるとき、わたしはその子の将来への不安感を見ることにしています。子どもでも分別があり、将来をしっかり見据えている子は、足首ががっちりしています。

逆に大人であっても、不安感や依存的なココロがあると、足首の使い方が不安定で、捻挫などを起こしやすくなります。

足首は、その人の全体重を支える関節ですから、不安定では困ります。そこで、カラダはその人の不安をかき消すかのように、脂肪や水分で足首を安定させようとするのです。

つまり、足首が太くなってしまう背景には、不安定なココロ、先行き不透明感といったものがあるのです。

（　ココロの処方箋　）

●足首デブ

ノートを開き、一番上の行に今日の年月日を書きましょう。そして、次の行に1年後の同じ日、その次の行に2年後の同じ日と書いていきます。10年後まで書いたら、各年月日の横に、その年その日のあなたの年齢を書き込みます。さらに、あなたの家族や親しくしている友人、知人の年齢も書き込みましょう。

さあ、10年後、あなたとあなたの周囲の人々は何歳になっていますか？　そして、そのときあなたは何をしているでしょう？　できるだけ具体的に10年後のあなたを想像してみてくださいね。

コラム3 ✣ ダイエットの盲点

「ダイエットがうまくいかない」あるいは「すぐリバウンドしてしまう」という人は、カラダにたまった重金属をうまく排泄できていない可能性があります。

鉛や水銀、アルミなどの重金属は、日常生活の中で微量ですが体内にたまっています。そして、重いだけになかなかカラダから出にくいのです。

そこでカラダは、体内に蓄積してしまった重金属を脂肪でコーティングするという作戦に出ます。危ないものはくるんでしまうに限る、というわけです。

ですから、せっかくダイエットに取り組んでも、重金属が排出されないと、脂肪がまたついてしまうのです。

重金属を排出するためには、腎臓の機能を高めるのが一番。腎臓から出るホルモンが、重金属を分解してくれるからです。

脂肪がつきやすい人は、ぜひ次に挙げる3つの習慣を身につけて、腎臓の機能を高めてからダイエットに再挑戦しましょう！

①背中を冷やさない

腎臓は背中側にありますので、まずはここを冷やさないようにするのが先決。

②良質のミネラルウォーターを飲む

良質のミネラルウォーターを飲んで、腎臓をきれいにしましょう。コーヒーやジュースでは、残念ながら代わりにはなりません。血液が濃くなって、むしろ腎臓に負担を与えてしまいます。

③頭皮のマッサージをする

東洋医学では、髪の毛には、腎臓の血液浄化作用がうまく働いているかどうかが表れるとされています。わたしが見る限り、腎臓が弱っている人は、髪の毛を引っ張られると、とても痛がる人が多いようです。頭皮のマッサージは、腎臓からの金属毒素排泄力を高めます。

腎臓ケア、ミネラル補給、頭皮のマッサージ。この3点を守ってダイエットに取り組めば、成功の確率はぐーんと上がるはずです。

第4章

女性特有のカラダの悩み

生理痛・月経過多のココロ

「ココロのずれをなおしたい」

子宮の大きさって、どれくらいかご存知ですか？

子宮の一般的な長さは7㎝、厚みはおよそ3～4㎝くらいなのです。赤ちゃんが宿るので、もっと大きいのかと思いますよね。

卵巣と子宮をつなぐ卵管の長さが10㎝、膣の長さが7～9㎝ということを考えると、思ったよりも小さな器官なのです。

とは言うものの、その小さな子宮の位置によって、女性のカラダとココロは大きな影響を受けます。

たとえば、つま先に重心がかかりやすい人の場合、カラダはバランスをとるために骨盤を後ろに下げます。それにともなって、骨盤の中の子宮も後ろに倒れやすくなってしまうのです。

子宮が後ろに倒れると、かつては妊娠しにくい、生理痛がひどくなる、などと言われたのですが、最近は医学的には特に問題はないということになっています。

ただし、後ろの傾きだけでなく、さらに左右の傾きをともなうと、いろいろと問題が発生します。

まず、右肩が下がっている人の場合、子宮も右に傾いてしまいます。わたしが見る限り、子宮が後ろに倒れていて、かつ右側に傾いている人は、生理痛に苦しむことが多いように思います。

このタイプの人は、性格的には理知的で、冷静で、穏やかな人。そして、損得よりも名誉を重んじるタイプが多いです。

ただ、ふだん感情を抑えていますから、あることをきっかけに、突如として怒りを爆発させたりします。また、ストレスを感じると食欲不振になりやすいという特徴もあります。

逆に、左肩が下がっていて、子宮も左に傾いている場合は、月経過多や生理周期が不安定な方が多いようです。

このタイプの人は、性格的には人前では明るく、とてもフレンドリーな印象を与えますが、ひとりになると、とたんに沈んでクヨクヨするという特徴があります。そして、ストレスを感じると、食べることで解消しようとします。

それから、お尻を左右に振って歩く人は、骨盤が開きやすく、子宮の位置が安定しません。子宮が安定しない人は、生理の悩みにも個人差があります。

性格的には、感情のアップダウンが激しく、自分を見失ってしまう傾向があります。あるときは、とても明るくやさしい印象を与えるのに、あるときは、「どうせわたしなんか……」と心理的に閉じこもってしまい、誰も近寄れないようなオーラを発したりします。

このように、生理の問題には、その人の姿勢や性格が反映されることがあります。持って生まれた性格や体質を変えることはむずかしくても、生理の問題をヒントに、いきすぎたココロのずれに気づくことはできます。

生理痛に悩んでいる人で、いつも右肩からバックを下げている人は、左肩に下げてみるようにしてみましょう。反対に、月経過多や生理周期が不安定な人で、いつも左肩からバッグを下げている場合は、右肩に切り替えてみることをおすすめします。

子宮を安定させるためには、骨盤を安定させることが大切です。そのための簡単な方法をご紹介しましょう。それは、頬骨のマッサージです。

頬骨は、特に食事の際の「片噛み」で左右にずれが生じやすいのですが、それは骨盤の左右差にも影響を及ぼすのです。

生理痛がひどい人は特に右側を、月経過多だったり、生理周期が不安定な方は左側を特に意識して行ってください。

（　ココロの処方箋　）

●生理痛・月経過多

頬骨のマッサージをしながら、こう唱えましょう。

「わたしのココロはバランスがとれています。姿勢よく、今日も元気に過ごします」

無月経のココロ

「プレッシャーが重い……」

生理が止まってしまうと、女性は心理的に大きなダメージを受けます。

以前いらっしゃった30代のクライアントさんは、「生理がないなんてラク！」とおっしゃっていましたが、生理が止まった状態が何年も続くと、徐々に徐々に女性としてのプライドが傷つけられてしまうのです。

まず、知っておいていただきたいのは、女性にも男性ホルモンは出ているという事実です。男性はもちろん精巣から分泌されるのですが、女性の場合、男性ホルモンは、おもに「副腎」というところから分泌されています。

副腎は、背中側にある両方の腎臓の上にちょこんとのっています。そのため

副腎は、「背負い込んだプレッシャー」にさらされやすいのです。

背負い込んだプレッシャー。これは、通常男性が抱える種類のストレスです。家族を養わなければならない、大きな仕事を任されて期待に応えなければならない、親を安心させなければならない……。

その義務感に応えようとがんばると、副腎は男性ホルモンを分泌します。男性ホルモンには、男性的な力をみなぎらせ、これらの大仕事に立ち向かうパワーを与える作用があるからです。

でも、そうした背中へのストレスは、相対的に女性ホルモンの分泌を低下させてしまうのです。そして、結果として生理が止まってしまう。

わたしがカウンセリングしてきた限りでは、生理が止まってしまう女性は、男性社会で活躍する類まれなる才能と能力に恵まれた方が多いです。そして、周囲の目にも「あの人は自分で悩みを解決できる人だから」と映りやすいのです。

ですから、悩みを誰にも相談できず、自分で何でも解決してしまおうとします。

ある課題が生じたとき、問題解決には2通りの対処の仕方があると言います。ひとつは男性的解決法、もうひとつは女性的解決法。

男性は、問題が生じたとき、その問題に真正面から立ち向かい、独力で、より具体的な解決策を導き出そうとします。「問題は自分で解決してこそ価値がある」くらいに思っているのです。

一方、女性は、「問題は誰かとわかち合うもの」と考えています。何か悩み事があると、誰かにその気持ちを聞いてもらう。すると、気分がすっきりして、問題が問題でなくなってしまうのです。

ですから、ふだんから悩みや不安を表に出さず、男性的解決法で物事を処理していると、男性ホルモンを誘導しやすくなるのです。それによって、女性ホルモンの分泌が弱まり、結果として無月経を招いてしまうのです。

（　ココロの処方箋　）

●無月経

あなたが抱えている誰にも相談したことのない悩み。まずは、それが何なのかをはっきりさせましょう。

そして、誰か信頼できる人に自分の悩みを共有してもらいましょう。

自分の弱みをオープンにできる強さ。逆説的ですが、これこそ女性ならではの強さなのです。

乳がんのココロ

「時間にしばられたくない！」

最近は、乳がん検診が積極的に行われ、30代女性でも初期の乳がんが見つかるケースが多くなったと言います。しこり、痛み、ハリなどは、女性にとって大きな不安材料になりますね。

早期発見のためには、ふだんからお風呂などで胸を触ってチェックしてみることが大切だと言われますが、乳がんになってしまう前に、ココロの持ち方で予防する方法というのはあるのでしょうか？

30代で乳がんになり、病院にかかっている女性からのご相談をいくつか受けたことがありますが、その中には「時間」に関する課題を抱えている人が多かったように思います。雑誌編集など、マスコミ関係のお仕事で締め切りに追われている人、スチュワーデスさんや看護師さんのように、時差や交代制などでカラダのリズムが乱れやすい人……。

でも、時間に追われる仕事に従事している人が、必ずしも乳がんになるわけではありませんから、その人の「時間に対する態度」が課題になっているのです。

ある30代の主婦の方は、小さいお子さんを抱えていらっしゃいましたが、この方の時間管理のしかたは、まさに象徴的でした。

毎日、朝早くに保育園に子どもを送り出し、その後パートに出勤。夕方まで働いて、買い物をしてから子どもを迎えにいき、家に着いたら即食事とお風呂の準備。そして、こうした毎日を「無駄なく、計画通り」に過ごす、というのがこの方にとってのポリシーだったのです。

休日に家族で遊園地に出かけることになっても、「せっかく遊園地に来たのだから」と、アトラクションに乗る予定を緻密に立て、それに沿って家族を誘導します。

ですから、せっかくの休みにもかかわらず、家族は奥さんの立てた何だか慌ただしいスケジュールをこなすことになるのです。

時間管理をきちんとしたい。流れるようにスケジュールをこなしたい。でも、こういったマニュアル的な時間管理は、自らのカラダのリズムに反することが多々あります。

乳房は、乳腺と脂肪組織とでできています。脂肪はカラダを「守る」という働きがありますから、乳房はその下にある「心臓を守る」という働きもあります。つまり、まさしく「生命のリズムを守る」という意味を含んでいるのです。

乳がんで相談に来られたクライアントさんには、まぶたのマッサージをおすすめしています。まぶたは乳房の状態が反映される場所なのです。人相学では、まぶたは「親から受け継ぎ、子孫へ残す」という意味が生じるところだと言われています。

乳房の問題が気になる人は、1週間に2～3回は実践してみてくださいね。

（　ココロの処方箋　）

●乳がん

まぶたをマッサージをしながら、こう唱えてください。
「焦ることは何もない。わたしはゆったりとした時間の流れの中を、ゆったりと生きています」

子宮筋腫のココロ

「セックスを楽しみたい」

子宮にできるものだけに、子宮筋腫には非常にデリケートな心理が隠されています。ズバリ申し上げると、「セックスのときにオーガズムに達していない欲求不満」です。

もちろん、すべての子宮筋腫に当てはまるとは限りませんので、誤解のなきよう。

子宮筋腫は、小さいものがいくつもできていたり、赤ちゃんの頭くらいの大きなものができていたり、そのでき方は人によって非常に個性があります。

また、18歳以下と閉経後の人には、ほとんど見られません。30代、40代で発

症率が高いのです。子宮筋腫があった人でも、閉経後にはそれが小さくなることから、エストロゲンなどのホルモンの関与が指摘されています。

もうひとつの特徴は、子宮というのは、子宮体部(上側3分の2)と子宮頸部(下側3分の1)とにわけられるのですが、子宮筋腫は90％以上が「子宮体部」に発生します(一方、「子宮ガン」の場合は、約80％が「子宮頸部」の方に発生)。

わたしは一応男なので、クライアントさんとこの辺のお話をするときには非常に気を使います。クライアントとの信頼関係ができた頃から、徐々にクライアントさんの方からお話をしてくれます。そのときに「ああ、女性と男性とでは性行為に関する認識がぜんぜん違うのだな」と多くの発見をすることができます。

まず、ひとつは、女性は男性と違って、触れられることに非常に敏感だということ。男性の6倍と見積もっていいでしょう(6倍という数字に根拠はありません)。そう聞くと、局部を執拗に触る男性がいますが、それは大間違い。女性は髪だとか背中だとか全体的に触られないと気分が開放的になりません。

ふたつ目は、男性は急激にピークを迎え、急激に下降するのに対して、女性はゆっくりゆっくり盛り上がり、ゆっくり下っていくということです。

山にたとえると、男性の場合は、険しい山を登って頂上で達成感を得ると、そこから現実世界へ急降下という感覚です。女性の場合は、大きななだらかな山を徐々に登り、徐々に下りていく感覚です。

これだけ聞いても、気持ちのずれが生じる可能性は大いにあり得ますよね。女性はカラダのリズムもそうですが、ココロのリズムで徐々に盛り上がらないと、なかなかオーガズムに達しないのです。

では、ほとんど性行為のない女性はみんな子宮筋腫があるのかと言うと、そんなことはありません。それよりも、パートナーとのセックスでリズムがずれている、オーガズムを遠慮している、というところに子宮筋腫のココロはありそうです。

ずれの程度によるからこそ、筋腫のでき方がさまざまで個性的なのですね。

（　ココロの処方箋　）

●子宮筋腫

セックスは、パートナーとのとても大切なコミュニケーション。たとえば、好きな音楽をかけながらセックスしてみるなど、自分もココロから楽しめるような雰囲気づくりを心がけましょう。

デリケートな部分のかゆみのココロ

「大人の女の色気を出したくない」

女性のデリケートな部分のかゆみは、なかなか人に相談しにくいものですが、けっこう多くの方が悩んでおられるようです。

かゆいし、痛いし、女性のプライドを傷つけられるし……。女性にとっては、もっともイライラさせられる症状のひとつですね。

かゆみを起こす原因のひとつに、カンジダ菌というカビがあります。

このカンジダ菌は、膣のほかにも、口の中、皮膚、消化管にも生息しています。これが何かしらのきっかけによって勢力をのばし、繁殖しすぎると炎症を起こします。膣ならつまり、カンジダ膣炎ですね。

症状としては、とにかくかゆい。男性の陰茎に発生することもありますが、男性の場合はかゆくないケースもあるのだとか。ですから、感染源が男性側にあっても、女性の方に症状が出るので、男性は自分が原因だとは気づかないこともあります。


もともと膣というところは、殺菌効果が高く、悪い菌が入れないようになっています。膣にそのような自浄作用を与えているのは、エストロゲンという女性ホルモンで、膣内pH（酸・アルカリバランス）を調整し、カビが生息できないように保っています。

ただ、カビとはいえ、カンジダも生き物である限り、それなりに存在するワケというのがあります。

「カビの存在理由？　そんなの認めたくないわ！」とおっしゃる前に、ちょっとお耳を（いや、読んでますよね）お貸しください。

カビの仲間には、コウジカビなど、食品加工に有用なカビたちもいます。しょうゆ、味噌、漬物、清酒、焼酎。これらの発酵過程に欠かせないのがカビです。ヨーロッパでもチーズやヨーグルト、ワインをつくる際に、カビは大活躍します（ちなみに、カンジダ膣炎のときのおりものは、チーズのような独特なにおいがします。まさにカビの仕業ですね）。

発酵、醸造。つまり、カビたちは、「熟成させる」というのが使命なのです。ここにカンジダ菌の存在理由があるわけです。

つまり、「女性から妖艶な熟女への変身願望と、それを抑え込もうとする理性との葛藤」ということになります。

でも、本人はこのことをあまり自覚できていないかもしれません。「水虫」

の項目でも触れましたが、カビに起因する症状は、「密やかな、決して表立ってはいけない思い」がテーマですから、自覚できないことが多いのです。

膣炎のお悩みで訪れたクライアントさんを思い返してみると、意外な共通点に気づきます。色気、化粧っ気、熟女、妖艶などといった言葉が似つかわしくなく、むしろ、それらに抵抗感を持っているような雰囲気。デニムのジーンズが似合うさわやかな女性が多いです。

こういう人は、おおむね礼儀正しく、人付き合いも卒なく行うのですが、実は、曲がったことが好きではないのです。確固としたポリシーを持っているので、矛盾や不正、ずるがしこい人、世渡り上手な人が嫌いだったりします。

そういう意味で、性的なことに限らず、どこか潔癖なところがあり、きれい好きで、清潔感を大切にする人が多いようです。

でも、デリケートな部分のかゆみが起こったなら、今自分は女性としての成長期にあるということを自覚しましょう。

自分の「女の魅力」に対するイメージが、これまでのような「カッコいい」や「すがすがしさ」から、だんだん「妖艶さ」や「セクシャリティ」へとシフトしていっていることに、そっと気づいてあげてください。

（　ココロの処方箋　）

●デリケートな部分のかゆみ

これまで絶対に手にも触れなかったような妖艶なドレスなどを一着購入してみましょう。

コラム4 ❖ 女性ホルモンのきれい効果

女性ホルモンには2種類あります。「エストロゲン」と「プロゲステロン」です。

エストロゲンは、生理が終わる頃に増え始め、排卵前にピークを迎えます。お肌をなめらかにする効果がありますから、この時期は比較的お肌の調子はよいはずです。

また、コラーゲンの合成を進めたり、骨の新陳代謝を促進する働きがあり、バストアップにも一役買ってくれます。

一方、プロゲステロンは、排卵後に大量に分泌されます(基礎体温が上がる時期ですね)。そして、次の生理が始まる頃には少なくなり、排卵までの間はほとんど分泌されなくなります。お肌の皮脂腺やメラニン細胞の発達を促す作用があるので、プロゲステロンの分泌が多い時期は、ニキビやシミができやすくなります。

こう説明されると、エストロゲンのファンの方が増えるかもしれませんが、エストロゲンは、バストだけではなく、太ももや腰まわりの脂肪もつけますし、多く分泌されすぎると、乳がんや子宮がんの原因にもなると言われています。

一方、プロゲステロンには、いきすぎたエストロゲンの作用にブレーキをかける働きがあります。排卵後にプロゲステロンがたくさん分泌され、ニキビやシミの原因となってしまう場合は、排卵前にエストロゲンが分泌されすぎているということなのです。

要は、両ホルモンのバランスが大事だということですね。本当に絶妙なバランスの上に、女性のカラダは調整されています。

このバランスを保つためには、自分の「排卵日」をしっかり意識することが大切です。エストロゲンとプロゲステロンは、「排卵」を境に、入れ替わるようにしてカラダに作用します。生理中の方が、カラダの中でホルモンがたくさん作用している気分になるかもしれませんが、カラダにとっては「排卵」の方が一大イベント。エストロゲンとプロゲステロンが切り替わるこの時期こそ、生活リズムの起点とすべきなのです。

■排卵日前の2週間……自分らしさをアピール！

エストロゲンは、「女らしさ」のホルモン。いわば女としての「攻め」のホルモンです。排卵前に分泌が増えるのがポイント。これは男性に魅力を訴えて、排卵前後の受精の確率を上げようというカラダの作戦なのです。

■排卵日後の2週間……やさしさ、思いやりを大切に

プロゲステロンは「母性」のホルモン。いわば「守り」のホルモンです。排卵後は、着床する受精卵のためにカラダの内側に血液を集めて、子宮の内側を厚く守ります。

ホルモンの作用に逆らって、守るべきときに無理をしたり、アピールすべき時期に躊躇していたりすると、ホルモン自体も混乱し、カラダの不調やお肌の不調となって表れます。

逆に排卵日を知り、ホルモンの作用に逆らわない生活リズムを保てると、おのずとカラダの内側からきれいの力が湧いてくるのです。

※排卵から月経までの日数（黄体期）は、誰でも14日前後でほぼ一定と言われています。月経初日から次の排卵までの日数（卵胞期）には個人差があるため、卵胞期が長ければ生理周期も長くなりますし、逆に短かければ生理周期も短くなります。ですから、自分の排卵日を見つけるコツは、月経初日を毎月チェックし、この14日（＋－2日）前頃をカレンダーに毎月記載していくこと。何カ月分かチェックできたら、そのリズムから次の排卵日を予測できるようになります。

第5章

カラダの不調

冷え性のココロ

「わたしはこれが大切なんだけど……」

カラダにとって一番温度が必要な場所。それは、実は「お腹」なのです。

冬山で遭難するドラマで、「寝るな！　寝たら終わりだぞ！」と寝そうになる人を起こしているシーンを見たことがありませんか？　冬山などで遭難して、カラダが極限状態まで冷やされると、最終的に血液は「お腹」に集まります。

極寒の中で眠ってしまうのは、カラダが脳よりも、お腹の方を優先して血液を送ろうとするからです。

これは逆に言うと、お腹に十分な血液がいっていないと、カラダは末端から順に冷えていくということです。お腹に十分な温度を回そうとするからこそ、末端の手足は冷えるというわけですね。ですから、冷え性の改善には、まず、お腹をしっかり温めてあげるということが先決なのです。

冷えにしても痛みにしても、カラダというのは、比較的安全な部位から順番にサインを出します。指先、つま先、足首、お尻、太もも、腰……。ただ、そこを一生懸命温めても、お腹が冷えていては、その熱がお腹に回るだけです。先にお腹をしっかり温め、その上で手足をケアしてあげることが大切なのです。

では、なぜお腹は、そんなに血液を欲するのでしょうか？　それは、一種の「飢餓状態」に陥っているからです。

飽食の時代ですから、栄養飢餓ではありません。ココロの飢餓状態、つまり、あなたが大切にしている何かが危機にさらされている、ということなのです。

大切にしている何か。それは、たとえば地球環境、親子の絆、夫婦の会話といったものから、子どもの頃の大切なコレクション、掃除の仕方や靴の並べ方にいたるまで、誰が何と言おうと、あなたが「これは大切だ」と思うことです。

わたしたちは、そうした自分の美意識やポリシーを否定されると、お腹に力が入らなくなります。そして、相手の美意識やポリシーに合わせて妥協を続けていると、それはまさしくボディブローのように、徐々にあなたのお腹の力を奪っていきます。

すると、カラダは血液を集めてお腹を守ろうとします。その結果、手足の冷えが進んでしまうのです。

（　ココロの処方箋　）

●冷え性

あなたが「これは大切だ」と思うことを一覧に書き出してください。どんな小さなことでも、また、そこに明確な理由がなくても構いません。

一覧にした中で、一番大切なものに○をしましょう。そして、目をつぶり、お腹に手を当てて「わたしは○○を大切に思う」と唱えます。

そして、もし、その一番大切なものを否定される状況に遭遇したら、毅然とした態度をとり、自分の美意識やポリシーを守りましょう。

便秘のココロ

「わたしは女なのよ！」

「まあ、いいか。そのうち、またチャンスがあるから」とか、「今度、時間が空いたときにまとめてやろう」とか、はたまた学生の頃に「試験の前になると一夜漬けしていた」という人には、なぜか便秘の方が多いです。トイレに限らず、何事においても「後でまとめて」「また次に」と考えていると、腸もそれに従ってしまうのです。

でも、お腹の便ばかりは「後でまとめてしよう」と思っても、なかなかうまくいくものではありません。

また、不思議なことに、便秘は女性の方に多いですよね。これはいったいなぜでしょうか？

女性は黄体期（月経前の2週間）に、「プロゲステロン」という女性ホルモンが増加します。プロゲステロンには、子宮粘膜を増殖させ、カラダ全体をゆるやかにする作用があります。

ただ、必要以上に分泌されてしまうと、その作用が腸にまで達し、腸の動きがゆるんで便が先に送られにくくなります。それで便秘になってしまうのです。

では、なぜプロゲステロンが多く分泌されてしまうのでしょうか？

今の社会は、まだまだ女性が男性に合わせるというリズムで動いています。働く女性は、職場で男性に負けたくないという気持ちが強ければ強いほど、どうしても女性性を抑えなければならない。また、家庭においても、だんなさんのリズムに合わせていると、自分のリズムを見失いやすくなります。

男性に合わせることでたまったストレスが、黄体期にプロゲステロンの過剰分泌となって跳ね返ってくるのです。カラダの訴えとしては、まさしく「わたしは女なのよ！」ということですね。

頑固な便秘で悩んでいたクライアントさんが、便秘になったきっかけは、男性の目を気にしてトイレにいけなかったからだと話してくれました。

便秘は、だんなさんや男性社会に必死に合わせながら生きている女性にとって、象徴的な症状と言えるのです。

（　ココロの処方箋　）

●便秘

●ゆっくり話す。
●ゆっくり食べる（最初のひと口目だけでも30回くらい噛んで食べる）。
●食事の時間を一定にする。
●「わたしは女なのよ」と1日5回はつぶやいてみる。

お腹にたまるガスのココロ

「昨日あれをやり残しちゃった！」

胃腸は、とにかく「慌しさに弱い」ということを知っておきましょう。「あれもこれもやらなきゃいけない」などと考えながら、慌しく食事をとってしまうと、食べ物といっしょに空気を飲み込みやすくなり、大腸の中に空気がたまってガスのもとになります。

また、ガスの発生を防ぐには、朝起きたときの気分も重要です。起床するときは、胃や腸も、潜在意識(眠っている)状態から、顕在《けんざい》意識(目覚めている)状態にスイッチが切り替わります。

そのとき、昨日やり残したことに意識を向ける習慣があると、胃にも「昨日

の食べ残しがあった！　すぐ働かなきゃ」という誤解を与えてしまいます。すると、実際は胃に食べ残しが残っていないのにもかかわらず、心理的な作用で胃液が出るようになるのです。

するとと、胃の先にある大腸の環境に影響を与え、ガス発生の温床になります。

では、ここで大腸の構造について知っておきましょう。大腸は、お腹の右側の下の方から始まって、上行結腸、横行結腸、左側を下がって下行結腸、S字結腸、直腸となります。右側を上に上がって、左側を下に下がる。前にいる人から見ると、ちょうど「時計回り」に便が運ばれていくようになっているのです。わたしたちのカラダは、お腹に大きな時計を抱えているとイメージしてみてくださいね。

大腸の右側にいる便は、まだ粥《かゆ》状です。そこから運ばれていくうちに水分が吸収されて徐々に固められ、左側の腸を下りたときには固形化しています。つまり、時計回りにめぐって便を固形化させるのが自然な流れなのです。

「口のまわりの肌あれ」の項目でも触れましたが、ガスを発生させる原因のひとつに、腸内に100兆個も棲むと言われている腸内細菌によるものがあります。

ビフィズス菌や乳酸菌などは「善玉菌」と言って、腸内で有用な働きをしてくれます。一方、「腐敗菌」には、大腸菌やウェルシュ菌などがあり、これらは腸内で腐敗ガスをつくります。

善玉菌と腐敗菌は、腸内でバランスをとっていますが、胃液が過剰に分泌されると、腸内の環境が大きく変化してしまいます。すると、バランスが崩れて腸内細菌の勢力図が変わってくるのです。その際、腐敗菌が増えると、それだけガスが発生しやすくなってしまいます。

つまり、ガスは結果であって、原因は1日の始まりである起床時や食事するときの慌しさなのです。これらが、あなたのお腹の時計を狂わせてしまい、ガスを発生させてしまうのですね。

（　ココロの処方箋　）

●お腹にたまるガス

朝目覚めたら、起き上がる前に横になったままぐーっとのびをします。
そして、お腹に手を当てて、「気持ちを落ち着けて今日１日を過ごします」と唱えてみましょう。

花粉症のココロ

「古いものを捨てられない」

花粉症。涙と鼻水で、せっかくのきれいも台無し。何とか改善させる方法はないのでしょうか？

「春はあけぼの」と、昔、国語で習いましたが、東洋医学では、「春は肝臓」の季節です。東洋医学では、季節ごとに活性化する臓器があるという考え方があり、冬は腎臓、夏は心臓、秋は肺ということになっています。

花粉症の季節、冬から春にかけて、臓器は腎臓から肝臓へバトンタッチされます。

腎臓は、血液をろ過し、尿をつくることによって血液の浄化をしています。これは、今の今まで自分の一部だった血液を体外に捨ててしまうということなので、結構勇気がいることなのです。ですから、腎臓は「捨てる勇気」を持った臓器と言えます。

それとは逆に、肝臓は受け入れの臓器です。食事をして、胃、小腸と通ってきた食べ物は、小腸の粘膜で吸収された後、いったんすべて肝臓に運ばれます。そのため、肝臓は「受け入れる寛容さ」を持った臓器と言えます。

つまり、冬から春への移り変わりというのは、カラダの中で、腎臓の「捨てる勇気」と肝臓の「受け入れる寛容さ」とのせめぎ合いが起こる時期なのです。

腎臓の立場に立てば、「おい、肝臓、また新しいものを入れるのかい？　最後にとばっちりを食うのはいつもこの俺だよ。ちょっとは考えてから新しいものを入れてくれよ！」という気持ち。

肝臓の立場に立てば、「腎臓さん、新しく何かを取り入れるというのは、環境の変化に対応するために必要なことでしょ。いつまでも古いものにしがみついていないで、いらなくなったものは、とっとと捨てたらどうですか？」という気持ち。

腎臓と肝臓の関係は「相生《そうせい》の関係」と言って、ちょうど親子の関係にも当たり、「古いもの＝腎臓＝親」「新しいもの＝肝臓＝子」となります。

イメージしてください。「あんなヤツとの結婚は、断じて許さん！」と言っていたお父さんも、最後の最後には「まあ、お前が幸せになれると言うのなら……」と、子どものわがままに押し切られるというのが世の常です。お父さんは人知れず涙を流し、鼻水を垂らします。それと同じように、腎臓の忸怩《じくじ》たる思いが、涙と鼻水になっていると想像してくださいね。

腎臓は水分調整をするところです。ですから、腎臓が妥協するときは、水分を体外に放出するのです。「俺は、こだわりを捨てているんだぞー」と鼻水やくしゃみを使ってアピールするわけです。

（　ココロの処方箋　）

●花粉症

なかなか捨てられなかった古い資料や本、また、ほとんど着ていない服を、きれいさっぱり処分してしまいましょう。その際、処分するものに「今までどうもありがとう」と伝えることを忘れずに。
古いものを捨てると、ココロもシンプルになりますね。そうすることによって、新しいものを受け入れるココロの余裕をつくりましょう。

偏頭痛のココロ

「あのとき、お父さんに助けてもらいたかった」

いつだったか「わたしの頭痛って、ちょっと変なんです」と言っていたクライアントさんがいましたが、確かにイメージ的には「変頭痛」と書くような気もしますよね。でも、言葉としては「偏頭痛」が正解ですから、お間違いなく。

頭の骨＝頭蓋骨は、ひとつの骨ではありません。なんと全部で28個の骨で構成されているのです。そして、その頭蓋骨の間を血管が縫うように通っているのです(少しグロテスクな感じがしますが……)。

さあ、イメージしてください。この頭蓋骨を縫う血管が拡張すると、どうですか？　頭蓋骨がぐぐぐっと押されて……痛いですよね。

偏頭痛とは、大げさに言えば、頭蓋骨の関節痛なのです。頭の骨がギシギシ押される痛みですね。

月経前症候群（ＰＭＳ）で偏頭痛になる人が多いのは、月経期に女性ホルモンの「プロゲステロン」が多くなるからです。プロゲステロンは「血管拡張作用」を持っていますから、特に排卵後から月経前までの間に頭痛が多くなるのです。

さて、頭蓋骨は大人で28個と言いましたが、生まれてくるときの赤ちゃんの頭蓋骨は、さらに細かくて45個のパーツがあります。45個の骨が徐々に結合しつつ、大人になるまでの間に28個になっていくわけですが、この間に（つまり、子ども時代に）受けた数々のストレスが、実は、のちの偏頭痛のもとになるケースが多いのです。

わたしがお付き合いしてきたクライアントさんを見る限り、偏頭痛に悩まされている女性の共通点は、子どもの頃に「父親不在のストレス」を感じていたということです。

仕事で家に帰ってこない父親、家にいても存在感がない父親と、タイプの違いはあっても、父親不在のストレスは頭蓋骨結合時に影響するらしい、というのがわたしの経験上の推論です。

結合というのは、くっつく側とくっつかれる側の信頼関係がものを言います。たとえ頭蓋骨でも、いざというとき、誰かがちゃんと助けてくれるという信頼感がないと、しっかり結合できないのです。

偏頭痛。それは幼少期のどことない不安、つまり、いざというとき頼りになる父親がいないことによる不安感が尾を引いてしまっているということなのです。

（ココロの処方箋）

●偏頭痛

お父さんが、あなたに父親らしい態度を見せようとしたとき、「子どもの頃、ほとんど家にいなかったクセに、今さら何よ」なんて拒否反応を示してきませんでしたか？

まずは、こうした気持ちをばっさり投げ捨てましょう。あなたの不安はあなた自身のもの。いざというときに一歩踏み出せない理由を、父親に押しつけないようにしましょう。

ウソでもいいから、「お父さん、あなたは男として最高に素敵」と独り言にして言ってみましょう。……むずかしいかもしれませんね。でも、だからこそ、ここに偏頭痛緩和のカギがあるのです。

口内炎のココロ

「受け入れがたいものが迫ってきている！」

たかが口内炎、されど口内炎。痛くてイライラするし、食事もじっくりと味わえない。ビタミン剤も飲んだし、口の中に薬も塗った。それでも繰り返しできる、この小さな痛みのもと……。口内炎に悩まされている人は、非常にたくさんいます。口内炎体質とでも言いましょうか、なる人は繰り返しなってしまうようです。

口内炎体質の人には、いくつか特徴があります。

①口の中がむくんでいる

口の中、つまり、舌、歯茎、頬の裏、唇の端などがはれて、むくんでいるのです。むくんでいると、口の中を噛みやすくなります。それが傷となり、やがて口内炎になってしまうのです。

②唾液が十分に出ていない

「ケガをしたら、ツバをつけて放っておけ」と昔は教えられましたが、それは正しいのです。唾液には殺菌力と傷の修復能力が備わっているからです。ですから、もし口の中を噛んでしまったとしても、唾液が十分に出ていれば傷が修復されるので、口内炎を繰り返すことはありません。

口内炎の人は、この唾液の量が少なく、口の中が乾燥しやすい人が多いです。

③胃の働きが悪い

胃の働きはストレスに敏感で、ストレスがかかると停滞して動きが悪くなってしまいます。胃から胃酸が上手に分泌されないと、口の中の唾液も出にくくなります。

食べ物は、胃酸によってかなりの部分が砕かれ、分解されます。胃と、それに続く小腸との間には「幽門弁《ゆうもんべん》」というトビラがあるのですが、このトビラは、食べ物が胃でよく砕かれ、吸収されやすい状態にならないと開かないようになっています。

もし、部屋のトビラの向こうに、得体の知れない怪しい人が迫ってきているとしたら、そのトビラを強く閉じますよね。それと同じことが胃と小腸との間で起こっていると考えてみてください。つまり、トビラの向こうに「自分にはよく理解できない(分解できない)もの」が迫っているということ。

それは、誰かの考え方かもしれないし、自分にはとうてい受け入れがたい価値観かもしれません。こうした受け入れがたいものが自分の目の前に迫っているときに、胃が停滞するようなストレスを感じてしまうということです。

（　ココロの処方箋　）

●口内炎

口の中でゆっくりとツバをためてください。そして、自分にとって受け入れがたい価値観とは何なのかをイメージしてみましょう。

それが、具体的なイメージになったところで、ツバを飲み込みます（あまり品のよい行為ではありませんが……）。

ただただ闇雲にトビラを閉じて拒否してきたもの。でも、それが実は、本当はあなたを大きく成長させる栄養源なのかもしれませんね。

肩凝りのココロ

「頭の中がやらなきゃいけないことでいっぱい！」

肩凝りや首の凝り……。わたしたちは、いったいいつから悩まされるようになったのでしょうか？

生まれたときから肩凝りの人はいません。子どもの頃は、大人の言う「肩凝り」なんて、どういうものか想像もできなかったはずです。では、今、皆さんの両肩にのっかっている、その不快なものはいったい何なのでしょうか？

デスクワークが多かったりすると、無意識のうちに両肩が上がってしまいます。

カラダをくまなくめぐっていると言われる「気」の流れから見ると、両肩を上げた姿勢は、首から上に「気」が集中した状態をつくってしまうのです。

また、ふだんから頭の中がやらなきゃいけないことでいっぱいの人は、この姿勢がクセになっていて、歩いていても肩が上がっています。

肩を上げたままだと、いつもセカセカ考え事をしながら歩くことになります。すると、足元へ流れる「気」が足りなくなり、まさに地に足がついていない状態になってしまいます。

頭に「気」が集中し、足元の「気」が少なくなる。「気」の分布だけでカラダの地図をつくるとすると、まるで宇宙人みたいに頭デッカチになってしまうのです。

実は、肩凝りというのは、このようなイビツな「気」の流れを是正しようとする働きなのです。つまり、頭にばかりいってしまうエネルギーを肩でせきとめて、カラダの方に跳ね返そうとしているのです。

肩凝り、首凝りがある人は、頸動脈《けいどうみゃく》に小さな血栓ができていて、血行が悪くなっている人が多いのですが、わざわざそんな血栓をつくってでも、上がってこようとする「気」を跳ね返そうとしているわけですね。

肩凝りに対して「もう！　うっとうしい」と思っていればいるほど、肩凝りはその存在をアピールします。肩凝りは全身の「気」の流れ、血液の流れを是正してくれるありがたい存在なのだと、まずは認めることが大事なのです。

では、ここで肩凝りを感じたときにやっていただきたい簡単なエクササイズをご紹介しましょう。

まず、足を肩幅の幅に開いて真っ直ぐ立ちます。そして、両腕がクロスするように、右手を左肩の上、左手を右肩の上に置いてください。その状態で目をつぶり、頭の方にある気のかたまりをイメージしましょう。

そして、イメージの中で、その気のかたまりをストーンと足元まで落とします。同時に両腕から力を抜いて下に下ろしてください。これを6回繰り返します。その際、両腕を交互にクロスさせながら行ってください。

このエクササイズを行うことによって、首や肩の負担がずいぶんと軽減されるはずです。


（　ココロの処方箋　）

●肩凝り

エクササイズをしながら、こう唱えましょう。

「肩さん、首さん、いつも身を挺してがんばってくれてありがとう」

腰痛のココロ

「わたしならできるはず！」

相撲で「うっちゃり」という技があります。土俵際に追い込まれた力士が押してくる相手を持ち上げ、大逆転で投げを打つという荒技です。うまくいけば劇的な大勝利。ただ、この技はいったん相手を抱え上げるので、腰に強烈な負担がかかります。タイミングを一歩間違えば、まさに腰砕け。相手の「浴びせ倒し」で、もっとも惨めな負けを喫し、腰も非常に危険な状態にさらされることになります。

ギリギリまで追い込まれた状況を、一発大逆転でケリをつけたいと企む。相撲だけでなく、わたしたちの生活でも、よく見られる心理です。

これこそ、まさに腰痛のココロなのです。

総じて、腰痛持ちには自信家の方が多いです。

「わたしにはできる」

「最後はわたししかいない」

「わたしは、いざというときはかなりの力を発揮できるはず」

こうした思い込みによって、自分を窮地に追い込んだり、他人の仕事まで抱え込んだり、また追い込まれた場面にあえて登場したがるのが、腰痛持ち共通のパターンです。

そして、あるときふと感じるのです。

「自分がこれだけ大変なのに、誰もサポートしてくれない」

「これだけしてあげているのに、ひとつも感謝されない」

よかれと思って一生懸命誰かのためにがんばる。でも、それは「その人からの評価がほしい。本当はほめてもらいたい」という気持ちによる場合が多いです。子どもの頃の「これだけ重いものが持てたよ！」という思い。自分の成長をほめてもらいたいという思い。でも、評価されなければ、もっと重いものを抱えないといけなくなりますね。腰痛は、そうしたココロに引き寄せられるのです。

ココロの処方箋

●腰痛

抱えているものが重いと感じたときは、まわりの人に「ちょっと支えて！」と声に出して言いましょう。

でも、できれば抱えているものを少し脇へ下ろしてください。それを抱えていなくたって、あなたはあなた。そのままの自分をほめてあげましょう。

コラム5 ✣ 「女らしさ」の抑圧

まずは、以下の5つのテストを行ってみてください。

❶左の「にっこりマーク」を、ちょっと離れたところから指差してみてください。

どちらの指を使っても結構です。両目を開けたまま、にっこりマークをしっかり指差します。そのまま、右目をつむってみましょう(つまり左目で見るわけですね)。次に、左目をつむってみましょう(つまり右目で見るわけですね)。左目で見たときと右目で見たときと、どちらの方がずれずににっこりマークをとらえられますか?

左目で見た方がずれない→A
右目で見た方がずれない→B

❷指を組んでみましょう。どちらの親指が上になっていますか？

左の親指が上になっている→A

右の親指が上になっている→B

❸腕を組んでみましょう。どちらの腕が上になっていますか？

左腕が上になっている→A

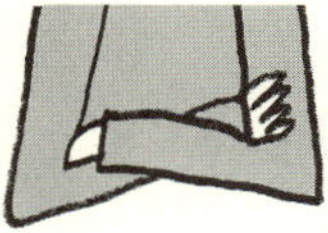

右腕が上になっている→B

❹おへそを両手で隠しましょう。どちらの手が上になっていますか？

左手が上になっている→A

右手が上になっている→B

❺足を組んでみましょう。どちらの足が上になっていますか？

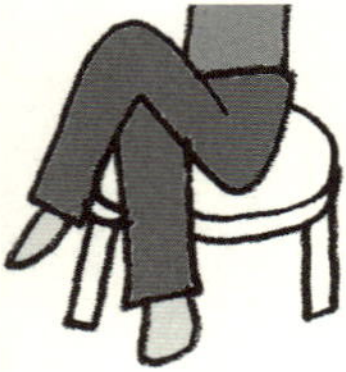

左足が上になっている→A

右足が上になっている→B

【診　断】

以上5つの動作のうち、Aは「女らしさ優位」、Bは「男らしさ優位」と考えます。あなたはAがいくつありましたか?

オールA……とても女性的でメルヘンチック。ひらひらの服やスカートがよく似合います。

Aが4つ……女性らしい受容性が高い人。カジュアルな服がよく似合います。

Aが3つ……ちょうどよいバランス。TPOに合わせて女性的にも男性的にも振る舞えます。

Aが2つ……かっこいい女性。パンツ姿やスーツ姿がよく似合います。

Aが1つ……男性社会の中で少し無理をしているかもしれません。黒系の服が好きです。

オールB……かなりのがんばり屋です。自分の女性性を封印してしまっています。

西洋伝来のさまざまなセラピーやボディワークでは、往々にして、左半身に課題があるときは「女らしさ」の抑圧、右半身に課題があるときは「男らしさ」の抑圧、という見方をします。今やっていただいた5つのテストは、右(男らしさ)が上になるほど、左(女らしさ)を抑えているということを確認するものです。

ところが不思議なことに、東洋医学では西洋とは逆で、左に男らしさ、右に女らしさが象徴されていると見ます。まるきり反対な見方をするのもおもしろいですが、東洋のはしっこに位置する日本は当然、東洋医学的な見方に従うと思いますよね。でも、わたしが見る限り、日本人は、右半身に表れる不調は「男らしさ」の抑圧、左半身に現れる不調は「女らしさ」の抑圧という西洋的な見方が合う場合が多いのです。

これは、日本の生活スタイルがかなり西洋化されたことと関係しています。西洋はキリスト教の影響下で「父性」が強い文化です。すその合わせ方や文字の書き方など、明治以来、西洋化されたものが多いですよね。それから、西洋の暦(グレゴリオ暦)を使った太陽(男性性)のリズムと、1週間は7日(奇数は男性性)という生活リズムも大きく影響しているようにも思います。

5つのテストで、オールBだったり、Aがひとつだけだったりする人は、カラダにもかなりの偏りが出ているはずですから、ぜひ、ひとつだけでも左を上にする動作を意識的にするように心がけてみてください。

特に生理不順に悩んでいたり、婦人科系にトラブルのある人は、こうした無意識の動作にこそ、悩み解決のきっかけが潜んでいるかもしれません。

第6章

「きれい」をつくる7つの習慣

ココロとカラダの歩調を合わせよう

「きれい」は「健康」の上に成り立ちます。「きれい」と「健康」は切っても切り離せません。たとえば、もともと肝臓の問題でわたしのところへカウンセリングに来た女性は、肝臓が元気になると同時に、長年悩んでいた顔の大きなシミまで改善してしまいました(ご本人は肝臓のこと以上にこちらの方を喜ばれていました!)。

では、健康で、しかもきれいでいるために大切なこととは何なのでしょうか?

それは、「ココロとカラダの歩調を合わせる」ということです。

ココロとカラダは、それぞれ違うテンポを刻んでいます。基本的に、ココロはカラダよりもテンポが速いです。頭の中には次から次へと考えが浮かび、意識は瞬間的にあちこちへと飛んでいきますよね。特に現代人は、情報が目まぐるしく行き交い、それについていこうとするため、ココロのテンポがどんどん速くなっています。

先の女性も、ココロがせっかちに動き回っていたために、カラダのテンポとのずれが生じていたのです。

ココロばかりに気を取られて、カラダを無視して無理を続けていると、せっかくの休日なのにぐったりして動けなかったり、発熱して寝込んだり、場合によっては入院しなければならないようなことになります。つまり、病気になってしまうということです。病気は、ずれてしまったココロとカラダのリズムを取り戻すための「強制リセットボタン」と理解してもらえるといいかもしれません。

でも、なるべくなら病気にはなりたくないですよね。ですから、ココロのテンポを少し落として、カラダにペースを合わせることが大切になるのです。


では、カラダにペースを合わせるためには、どうすればよいのでしょうか？

それは、「カラダに意識を向ける」ことです。

ふだんカラダに意識を向けるときというのは、たいていネガティブなときですよね。痛いとき、かゆいとき、しびれたとき、だるいとき……。たとえネガティブな気持ちであっても、カラダはあなたに意識を向けてもらうことを望んでいるのです。

でも、できればもっとポジティブにカラダと付き合ってあげたいですよね。ポジティブな意識をカラダに向けると、あなたの「健康」も、そして「きれい」も、カラダがサポートしてくれるようになります。

そこで、この章では、あなたの「健康」と「きれい」を維持するために、「カラダにポジティブな意識を向ける」ためのエクササイズをご紹介します。場所や時間をとらなくてもすぐに実践でき、生活の流れに沿って無理なく取り入れられるよう工夫しました。

全部で７つありますが、すべてをやる必要はありません。どれかひとつだけでも自分に合うものを見つけて続けてもらえたら、それで十分です。

ココロとカラダを仲良くさせるには、「続けること」こそ最大の秘訣ですから。

朝起きたとき

スリムな体型を保つ「のびー運動」

わたしの友人に、スラリと背が高く、スタイル抜群の女性がいます。両親ともにそんなに背は高くないとのことですが、そのスタイル維持の秘密は、小学生の頃から身についた、朝起きてすぐの「のびー運動」にありました。

わたしたちの身長は、朝と夜とで微妙に違っています。1日分の重力がかかるので、夜に測る身長は朝と比べると少し縮んでいます。

寝ている間は、重力の負担が分散され、カラダの中で細胞や背骨のメンテナンスが進むので、朝目覚めたときは一番身長がのびているのです。

また、朝目覚めたときは、カラダの中では「副腎皮質刺激ホルモン」の分泌がピークになっています。

このホルモンは、眠っていた細胞を目覚めさせ、「さぁ、朝ですよ！」とカラダにスイッチを入れる作用があります。ただ、このホルモンは、前日のカラダやココロの使い方によって分泌量が調節されるので、前日までのストレスを持ち越してしまっている人は、その分、大量に分泌されることになります。

また、毎朝けたたましい目覚まし時計の音で起きる人は、これはこれで人工的に大量のホルモンを分泌させるようなもので、目覚めの時間から必要以上に細胞に刺激を与え、結果としてカラダを緊張させてしまうことになります。そして、カラダが緊張すると、ココロも縮こまるので、その日1日に起こるいろいろなことを受け入れられなくなってしまうのです。これでは、朝から重い荷物を背負って1日を始めるようなもの。

もちろん現代社会においては、昨日までのストレスを完全になくすことも、目覚まし時計なしで日常生活を送ることもむずかしいでしょう。

ですからぜひ、朝目覚めた瞬間、ベットやふとんの中で寝たままでいいので、両腕を上にのばして目一杯「のびー」をしてください。そうすることで、朝起きた瞬間に、まずカラダに意識を向けてほしいのです。

そして、自分のカラダに向かって、「今日1日、いっしょにがんばろう」と声をかけてください。それによって、少なくとも昨日までにカラダにたまったストレスを発散し、カラダをのびやかにする効果があります。

冒頭の友人は、朝目覚めたときにぐーっとのびをすることによって細胞の緊張をほどき、カラダの器を広げていたのです。それによって、縦長のスリムな体型を維持していたということですね。

このように、１日の始まりである目覚めの瞬間に、カラダをスラリと伸ばす方向に設計して、ココロもカラダも「器の大きい人」を目指しましょう。

これを習慣にすると、不思議とカラダにエネルギーがみなぎってきます。

通勤中

幸せオーラを磨く「ハッピーラッキービーム」

朝の通勤時、道を行き交う多くの人の流れや、混雑する駅のホームや電車の中にいる自分を想像してみてください。目的地に着くことだけを視野に入れているあなたのココロは縮こまり、できるだけ周囲の事柄と関わらないようにしています。

そのときのあなたは、おそらく無表情で少しうつむき加減。かく言うわたしも、人混みの中を歩いている自分の表情をショーウインドウで見たとき、びっくりしてしまいました。眉間にシワが寄り、イライラしている様子だったのです。

「いかん、いかん、幸せオーラが逃げていく」

あなたのカラダを取り巻いていると言われるオーラも、人混みや満員電車など、緊張を強いられる状況に置かれると、すっかり縮んでしまいます。そこで、通勤時や出かけるときに最適な、幸せオーラを磨くためのエクササイズを考えました。

これを毎日実践しているクライアントさんからは、昇進や、宝くじ当選などのご報告をいただきました。主婦の方からは、だんなさんから「最近きれいになったね」なんて耳を疑うようなことを言われたという報告もあります。

ぜひ実践してみてくださいね。

まず、朝起きたら、洗面所に立って鏡を見ます。手ぐしで髪を整えて、口の両端をぐっと引き上げます。そして、鏡の中の自分に笑顔であいさつします。

「おはよう！　今日、あなたにステキな出来事が降ってくるわよ」

声に出さなくても構いません。幸せを祈る気持ちを、鏡の中のあなたへ照射してください。これを「ハッピーラッキービーム」（おのころ命名）と言います。

そして、着替えて、朝ごはんを食べて、身支度ができたら出かけます。

家を出てからは、仕事場など目的地に着くまでに、すれ違う人、人、人に、同じように次々と「ハッピーラッキービーム」を放ってください。

「おはよう！　今日、あなたにステキな出来事が降ってくるわよ」

（注意！　決して声はかけないように。怪しまれてしまいますからね。要は「相手の幸せを祈る」思いをビーム状に照射するのです）


「エネルギーは循環する」というのが法則です。ですから、幸せを祈る気持ちを外に向ければ向けるほど、めぐりめぐって結果的に自分の幸せとなって返ってきます。

ですから、最初は「自分のためにやる」「そのために通りすがりの人を利用するのだ」くらいの気持ちで、このエクササイズを始めてもらっても結構です。たとえ「自分のため」という利己的な動機であれ、人の幸せを祈って悪いことは起こりません。人の幸せを願うことで表情がやさしくなり、幸せオーラが磨かれ、幸せを受信するアンテナもぐーんと感度が上がります。

そして、本当に幸せなことがあなたに降ってくるようになるのです。

食事中

お肌がうるおう「モグモグ運動」

最近、「お肌の調子は腸の健康から」というテーマの本をよく目にするようになりました。わたしが見る限りにおいても、特にお肌の乾燥に悩む人は、消化液の分泌がよくないという共通点があります。水分不足が、お肌だけでなく、胃や小腸、大腸でも起こっているのです。

唾液、胃液、膵液、胆汁、腸液……と、口から始まり、肛門まで続く消化管には、1日におよそ8・5ℓもの消化液が分泌されていると言われます。

8・5ℓもですよ！　2ℓサイズのペットボトルで言えば4本以上です。そんな量、とても1日に飲めませんよね。でも、健康的な消化管からは、毎日これだけの消化液が分泌されるようになっているのです。

1日2食の人であっても、毎日必ず食事をしますよね。そのとき、ぜひ実行してほしいことがあります。それは、毎食時のひと口目だけ、最低でも20~30回は噛むようにすること。

消化管の始まりが口ですから、よく噛むことによって唾液がきちんと分泌されると、胃も腸も「お、食べ物が来るぞ」と準備ができるわけです。しっかり消化液が出ていると、食べ物は流れるように移動し、細かく分解されるので、消化吸収がスムーズになります。

逆に唾液が十分に出ていないうちに、パサパサのまま「ごくん」と飲み込むような食事は、胃にも腸にも負担をかけます。口の中がパサパサに乾燥しているということは、腸の粘膜も乾燥しているということです。

食べ物がきちんと分解されないまま、ゴソゴソと腸を通る様子を想像してみてください。腸粘膜が傷ついてしまいますね。結果、不必要なものを吸収したり、逆に必要な栄養分を十分吸収できなくなったりしてしまうのです。

そして、さらに重要なことは、カラダは傷ついた腸粘膜を修復しようと血液を腸に集めるので、その分だけ末端へいくべき血液が不足してしまうということになります。

つまり、よく噛まない食事の習慣によって、手足の温度やお肌のうるおいまで奪われてしまうのです。

ですから、しっかり口をモグモグさせながら食事をすることは、とても大切です。

昔は、「ひと口88回噛め」などと言われましたが、そこまではなかなかできません。でも、毎食時のひと口目だけは、最低でも20~30回は噛むように心がけましょう。

ひと口目にしっかり唾液が出れば、その後は唾液も消化液も出やすくなります。これだけでも毎日意識して実行すれば、腸がずいぶんときれいになるのです。そして、お肌もしっとりとうるおいが保たれるようになっていきます。

日中

ダイエットに効く「お尻の穴キュッと行動」

わたくし事で恐縮ですが、7年前まで今より12kgも体重がありました。太りすぎとまではいかなかったのですが、いいチャンスだと思い、クライアントさんにおすすめしているエクササイズを自分も実践してみることにしました。それがこの「お尻の穴キュッと行動」です。

立つとき、歩くとき、とにかく「お尻の穴を締める」というのを意識して過ごすのです。お尻の穴を締めるだけ。あらゆる場面で、それを意識しながら行動するようにしてみましょう。

わたしは、このエクササイズのおかげで1カ月に1kgずつ体重が減りました。そして、ちょうど12カ月で今の体重になり、以来この体重をキープしています。たぶん、これが適正体重なのだと思います。

この体験で、わたしは重要なことに気づきました。お尻の穴をキュッと締める習慣が身につくと、カラダの代謝が上がるということです。代謝が上がると、もちろん脂肪の燃焼も進みます。

また、食事のときに「腹八分目」が明確に意識できるようになりました。お肌がうるおう「モグモグ運動」の項目でもお伝えしましたが、口から肛門まではひと続きの管になっています。その出口であるお尻の穴をキュッと締めることで、カラダは適正な食事の量がわかるようになるのです。

ですから、特に運動をしたわけでもなく、過酷な食事制限をしたわけでもないのに、お尻の穴をキュッと締めて腹八分目を意識するだけで、わたしはリバウンド無縁のダイエットに成功することができたのです。

この体験から、ふだんからお尻の穴がゆるんでいると、カラダを維持するエネルギーがもれ出てしまうのだ、ということがよく理解できました。

お尻の穴をキュッと締めて行動するようにしてくださいと言うと、「便秘がひどくなってしまいそうで……」とおっしゃる方がいますが、ずっと肛門を締めて行動しなければならないわけではありません。ずっと続けていると、呼吸が苦しくなってきますから、あまり無理はしないでくださいね。

立つとき、歩き始めるとき、座るとき、疲れて姿勢を変えるときに少し意識してもらうだけで結構です。すると、大腸によい刺激を与えられるので、逆に腸のリズムもよくなっていきます。最初は慣れるまで、特に2週間は意識的に続けてみましょう。

自然にお尻の穴が締まり、しかも呼吸がラクにできるポイントを上手につかめたら、カラダのエネルギー効率が上がったサインです。

仕事中

ココロが自由になる「天使の翼エクササイズ」

あなたの背中にある肩甲骨《けんこうこつ》。天使の翼は、肩甲骨から生えていると聞いたことがありませんか？

もっと広く世間を知りたい。
親元を離れたい。
ここ以外に自分に適した場所があるのではないか……。
肩甲骨周辺が強く凝る人は、他人によって束縛されていると感じている場合

が多いです。それは、親から、だんなさんから、職場の上司からかもしれません。たとえば、母ひとり娘ひとりで、母親のことが心配でなかなかお嫁にいけないケースや、働きたいと思っていても、だんなさんに気を使ってなかなか働きに出られないケースなどがそうです。

そうすることで、大切な人が安心してくれたとしても、その引き替えに自分の翼の存在をすっかり忘れてしまうのは考えものです。

さあ、あなたの肩甲骨に自由を与えましょう。

マウスも、キーボードも、その手に持っているものを全部手放して。両腕をカラダの横にだら〜んと下げて、ひじの位置を確認してください。

次に、両ひじを曲げて、胸を開いて、できる限り両ひじを背中側に寄せてください。そして、ぐーっと背中を緊張させます。息を吸いながら、そのままの状態でゆっくり７つ数えましょう。数えたら、パッと腕を脱力します。同時に息をふーっと吐き出してください。

背中をぐーっと緊張させて、パッと脱力する。これを7回やってみてください。

人間には、生まれながらに持っている「魂の欲求」というものがあります。それは、この肩甲骨に宿ると、わたしは考えています。ですから、肩甲骨の凝りをほぐすことによって、あなた自身の本当にやりたいことに意識が向きやすくなるのです。

パソコンなどで上半身ばかり使ってちょっと疲れたとき、ぜひこのエクササイズで肩甲骨をリラックスさせてあげてください。背中にある腎臓もリラックスしますので、血液の浄化にも効果的です。

入浴中

愛の力を高める「ハートセラピー」

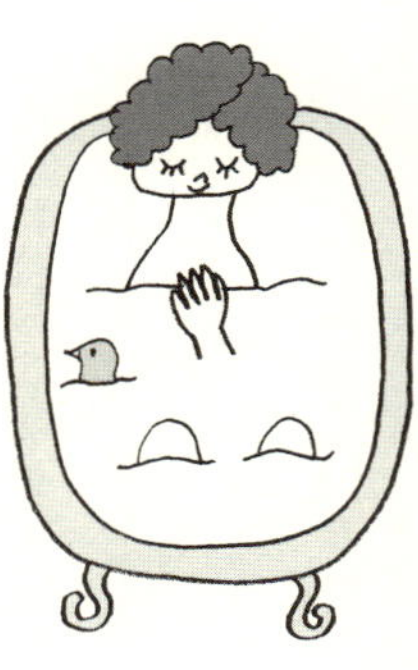

心臓は、毎日休むことなく血液を送り出してくれています。一生涯になんと25億回も鼓動を打つそうです。心臓が「今日は休もう」なんて言い出したら、わたしたちのカラダはひとたまりもないですものね。

循環器系は、胎児の中でまず血液ができ、血管ができ、静脈、動脈、そして心臓という順番でつくられます。

血液の方が先にできるというのが、とても大事なポイントです。意外に思われるかもしれませんが、心臓が血液の流れを決めるというよりは、血液の方が心臓の働きを決めているのです。

わたしたちのカラダをめぐる血液は、お母さんのお腹の中でカラダがつくられる前の、受精後４週間目につくられます。胎盤につながる卵黄嚢《らんおうのう》というところに「血島《けっとう》」という小さな血液の粒が生まれ、これがたくさんできると、いっせいに胎児の方に向かって血液が入っていくのです。

そう、血液は胎児の外、お母さん側からやってくるのです！

わたしはこれを知ったとき、とってもやさしい気持ちになりました。だって、血液は「愛」そのもの。どんなに嫌いなお母さんでも、どんなにつらい境遇で育った子でも、受精後には必ず、お母さんから「血液」という無条件の「愛」を受け取っているのです。つまり、「愛は受け取ることから始まる」ということ。

ヨーガ医学などでは、心臓は「愛のチャクラ」などと言われるのですが、これも何だかわかるような気がします。そう、心臓は愛が動かしているのです。

思いやりと奉仕と育む力を与えてくれる「愛のチャクラ」。それは、あなたがあなたのお母さんから血液を受け取ったときから始まっているのです。

１日を分単位で計算すると、１４４０分になります。この１４４０分のうち、１分でもいいので、胸にそっと手を当てて鼓動を感じてみてください。そして、あなたの中にある愛を感じてみてください。

特に入浴中は、直接胸に手を当てやすく、カラダもリラックスしているのでおすすめです。これを習慣化すると、あなたの愛の力が高まり、女性としての魅力もアップしていきます。

夜寝る前

翌朝のきれいをつくる「腹式呼吸」

最後は、「下腹ぽっこり」の項目でもご紹介した、夜寝る前の腹式呼吸です。
就寝前、横になったとき、深い呼吸でお腹を動かしてください。

吐くとき、お腹がへっこむ。
吸うとき、お腹がふくらむ。
吐く、吸う、を往復15回やってみてください。

翌朝の目覚めの気分というのは、前日のカラダの状態を如実に表します。

子どもを見ていると、朝の目覚めが悪い日が何日も続いていると、決まって熱を出したり、風邪をひいたりします。大人になると、深酒、夜更かし、無理やりに起こされる目覚まし時計……と、気持ちよい目覚めを阻害する要因がさらに増えます。

中でも、翌朝の目覚めが悪くなる最大の要因は「持ち越しストレス」でしょう。つまり、その日やり残したことや、ずっと尾を引いている人間関係ストレスなどです。

これが翌朝のお肌のツヤや目の輝きなど、あなたのきれいに大きく影響してしまうのです。

ストレスは、特にお腹の筋肉に相当な緊張を与えます。お腹の筋肉が緊張すると、腹膜に包まれている多くの内臓も緊張を解くことができなくなってしまうのです。

ぜひ夜寝る前の腹式呼吸を習慣化し、その日のストレスを意識的に解除してあげてください。そして、カラダに「今日も1日ありがとう」と感謝の気持ちを向けてあげましょう。15回往復の腹式呼吸が終わらないうちに自然に眠りについてしまえたら、それがもっとも理想的です。

以上、ご紹介した7つの習慣は、日常生活の各場面で、その気になればすぐに実行できるものばかりです。ポイントは、いつも一生懸命働いてくれているカラダに意識を向ける機会を増やすということ。

ぜひあなたのカラダを愛しく思ってあげてください。そして、感謝の気持ちを忘れずに。

あなたの「きれい」をつくるのは、あなたの「ココロ」なのですから。

おわりに

「ココロとカラダがつながっている」というメッセージを伝えることは、わたしにとってライフワークです。

それは、わたし自身が幼少の頃に大病をし、生死をさまよう中で、尊敬するある人の励ましによって命を救ってもらったという体験が大きなきっかけになっています。

わたしはそのとき、ココロがカラダに明確なイメージを与えることによって、カラダの持つ自然治癒力にスイッチが入るということを体験しました。

ココロとカラダがつながるとき、自分でも予想だにしなかったミラクルが起こるということを、わたしは身をもって知っています。頭で理解しているのではなく、カラダで知っているのです。

その後、社会に出て、わたしは、それをカウンセリングという形で伝えることを仕事にしてきました。そして、多くのクライアントさんとともに、そのミラクルを追体験してきたのです。

カラダって、本当にすごい。

カラダに宿る智恵は、わたしたちの人生にたくさんのヒントを与えてくれる。

本書は、カラダからのメッセージを「きれいになりたい」と願う女性にお届けするメルマガ『きれいのココロ』をもとに、大幅な加筆をして誕生しました。つたないわたしの文章を、ここまで素敵な本に仕上げてくださったマイナビの蓮見紗穂さんには、本当に感謝します。蓮見さんの辛抱強さと的確な編集の力なくしては、本書は誕生しませんでした。ありがとうございます。

最後に、本書を読んでくださった皆様へ。

この本をヒントとして、あなた本来の「きれい」に出会っていただけたなら、著者としてこれ以上の喜びはありません。

二〇一三年九月　おのころ心平

本書は、『「きれい」をつくる ココロの処方箋』（2010年3月／マイナビ刊）を改題し、文庫化したものです。

おのころ心平（おのころ しんぺい）

1971年生まれ。 ココロとカラダのカウンセラー、セラピスト。一般社団法人自然治癒力学校理事長。NPO法人「ここからつながるスポーツ地球家族」理事。

カラダからのメッセージをリーディングし、ココロの持ち方や生活習慣、たまったストレスをよりよい人生のエネルギーへと変換していく方法をわかりやすく指導する異端のプロフェッショナル・カウンセラー。これまでのカウンセリング件数は、19年間で2万件以上。

病とココロ、美容とココロ、筋肉とココロ（アスリートのケガの心理）などの分野において活躍し、その手腕に経営者やアスリートをはじめ、全国から多くのファンが詰めかける。

現在は、おのころ心平の「自然治癒力学校」を全国展開する一方、カウンセラー、セラピスト、代替療法家向けに「癒し手」としてのプロ指導を行っている。

著書に、『病気は才能』（かんき出版）、『ゆるすいっち』（主婦の友社）ほか多数。

★ おのころ心平オフィシャルHP
　https://ja-jp.facebook.com/onocoroshinpei
★ 毎日更新ブログ『おのころ心平のココロとカラダの交差点』
　http://ameblo.jp/onocoroshinpei/
★ 女性のきれいをココロの内から応援する『きれいのココロ』
　http://www.mag2.com/m/0000218797.html
★ 自然治癒力学校公式HP
　http://naturalhealing-school.org/

きれいのココロ

2013年9月30日　初版第1刷発行

著　者　　おのころ心平
発行者　　中川信行
発行所　　株式会社マイナビ
〒100-0003 東京都千代田区一ツ橋1-1-1 パレスサイドビル
TEL 048-485-2383（注文専用ダイヤル）
TEL 03-6267-4477（販売）／TEL 03-6267-4445（編集）
E-mail pc-books@mynavi.jp
URL http://book.mynavi.jp

ブックデザイン　米谷テツヤ（PASS）
イラスト　macco
編集　蓮見紗穂（マイナビ）
印刷・製本　図書印刷 株式会社

ISBN978-4-8399-4839-9
Printed in Japan